はしがき

本書は、「新編言語文化」教科書に完全準拠した学習課題集です。教科書採録の教材について、実際に書き込む作業を通して内容を理解していくことができるようにしました。予習・復習のための自学・自習用のサブノートとしてはもちろん、授業の併用教材としても十分に役立つよう、要点を押さえた編集をしました。

◆本書の構成と内容

本書は、「日本文学編 近現代」「日本文学編 古文」「漢文学編」の三部構成です。また、各教材は、次のような内容から構成されています。

◇教材を学ぶ観点を知る

①**学習目標** 各教材に設置し、その教材で何を学ぶのかを見通せるようにしました。

②**評価の観点** 「展開の把握」や「内容の理解」などコーナーごとに、評価の観点（「知識・技能」「思考力・判断力・表現力」）を置き、身につける内容を示しました。

◇基礎的な力を養い、教材を読解する

③**漢字・語句・文法・句法** 国語の学習全般で必要な、漢字・語句の読みや意味、文法・句法の意味や用法を確認できるようにしました。とくに、古文・漢文では、「古文（漢文）を読むために」「訓読に親しむ」を特設し、基礎力の

使い方のポイント

⑤ 後半 / 前半

内容の理解

思考力・判断力・表現力

① 展開の把握

伊勢物語 (筒井筒)

思考力・判断力・表現力

教科書 p.148〜p.151

○ 空欄に漢字二字の適語を入れて、内容を整理しなさい。

③
語句・文法
○ 次の語の意味を調べなさい。
①ある
②うちなかす
③かなし
④心にくし
⑤住む
⑥言ひし夜ごとに
⑦頼まぬものの

○ 次の太字の助動詞の意味と活用形を、あとのアーケからそれぞれ選び、活用形を書きなさい。
①振り分け髪も肩過ぎぬ
②君ならずして
③かかるにやあらむ
④夜中に……越ゆらむ
⑤来来むと
⑥言ひし夜ごとに
⑦頼まぬものの
ア 打消　イ 過去　ウ 意志
エ 打消意志　オ 完了　カ 尊敬
キ 断定　ク 現在推量

「大人になりにければ」の文法的に説明しなさい。

⑥ 後半

⑦ 脚問1

新傾向の設問はデザインを変え、わかりやすく表示しています。

❶ 8 新傾向

自学自習のためのウェブコンテンツを用意しました。各教材ページ、あるいは目次に設けた二次元コードを読み込むことで利用できます。

各教材ページ…その教材ごとのコンテンツにジャンプします。

目次ページ…コンテンツの一覧画面にジャンプします。
※利用に際しては、一般に、通信料が発生します。

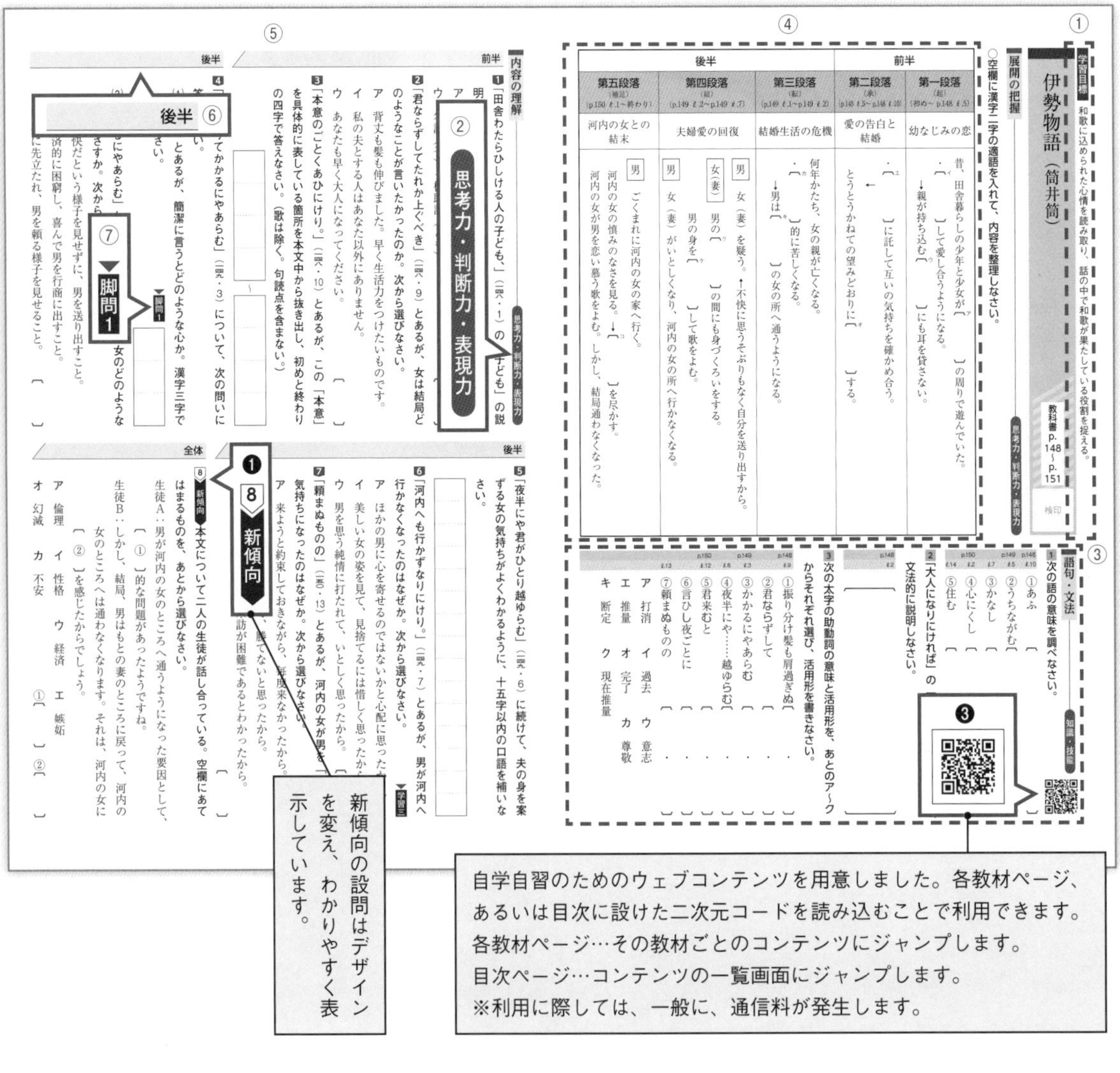

定着を図りました。

④展開の把握（要点の整理）・主題　意味段落などをベースに、本文の内容や設定、主題を整理したものを用意しました。要点となる箇所を埋めていく空欄補充形式で、本文全体の構成や展開を把握することができます。

⑤内容の理解　客観問題と記述問題とをバランスよく用意し、本文読解にあたって、重要な点を押さえられるようにしました。

◇教科書の学習と関連づける

⑥帯　「漢字・語句・文法・句法」の上部に教科書の本文掲載ページ・行を示す帯、「内容の理解」の上部に意味段落などを示す帯を付け、教科書と照合しやすくしました。

⑦脚問・学習・活動　教科書の「脚問」「学習（活動）の手引き」と関連した問いの下部に、アイコンを付けました。

◆本書の特色

❶新傾向問題　「内容の理解」で、会話形式や条件付き記述などの問いを、適宜設定しました。

❷活動　教科書収録教材と、他の文章・資料とを読み比べる、特集ページを設けました。

❸ウェブコンテンツ　「日本文学編　近現代」の漢字、「日本文学編　古文」の古文単語の設問を、ウェブ上で繰り返し取り組めるように、二次元コードを設置しました。

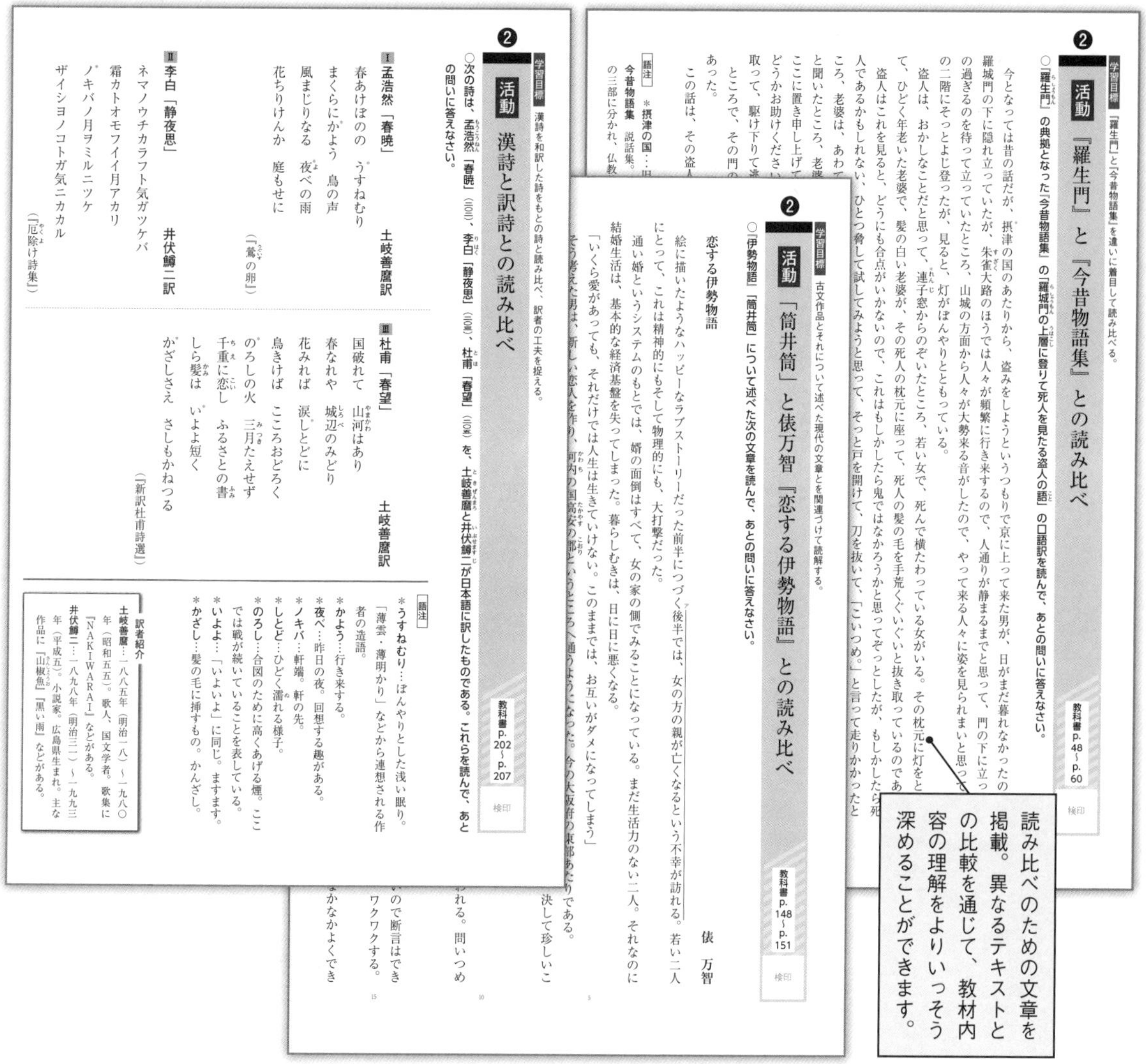

読み比べのための文章を掲載。異なるテキストとの比較を通じて、教材内容の理解をよりいっそう深めることができます。

目次

日本文学編―近現代

プラスウェブ

下にある二次元コードから、ウェブコンテンツの一覧画面に進むことができます。

https://dg-w.jp/b/d850001

日本文学編―古文

漢文学編

学習目標　登場人物の心情をそれぞれの視点に立って読み解く。

島の少年—船（内海隆一郎）

教科書 p.10～p.23

検印

漢字　知識・技能

1 太字の仮名は漢字に直し、太字の漢字は読みを記しなさい。

p.11 ℓ.4 ①**ふなよ**［　　］いする。

p.11 ℓ.8 ②**ぼうはてい**［　　　］の間。

p.12 ℓ.1 ③**ようりょう**［　　］よく動く。

p.13 ℓ.2 ④**とたん**［　　］に疑問がわく。

p.14 ℓ.13 ⑤**うすあお**［　　］い世界。

p.15 ℓ.2 ⑥体を**ひるがえ**［　］す。

p.15 ℓ.9 ⑦ロープを**ゆる**［　］める。

p.16 ℓ.6 ⑧泡が**ふ**［　］き出す。

p.17 ℓ.1 ⑨**こきゅう**［　　］が楽になる。

p.17 ℓ.17 ⑩**だんぱん**［　　］しに来る。

p.19 ℓ.2 ⑪水を**したた**［　］らせる。

p.20 ℓ.5 ⑫**ふうとう**［　　］に入れる。

p.21 ℓ.3 ⑬**えんりょ**［　　］するな。

p.21 ℓ.18 ⑭**おおつぶ**［　　］の涙。

p.11 ℓ.7 ⑮**甲板**〔　　〕に飛び移る。

p.11 ℓ.16 ⑯手**繰**〔　〕り寄せる。

p.12 ℓ.10 ⑰**小瓶**〔　〕を取り出す。

p.13 ℓ.7 ⑱**慌**〔　〕てて駆け寄る。

p.14 ℓ.2 ⑲**潜**〔　〕ってみる。

p.16 ℓ.9 ⑳**不器用**〔　〕な泳ぎ。

p.16 ℓ.13 ㉑ハンマーで**殴**〔　〕る。

p.16 ℓ.14 ㉒大きな**爆発**〔　〕音。

p.17 ℓ.17 ㉓**雇**〔　〕ってくれる。

p.18 ℓ.4 ㉔金を**稼**〔　〕ぐ。

p.18 ℓ.16 ㉕ポケットを**探**〔　〕る。

p.19 ℓ.16 ㉖**不審**〔　〕に思う。

語句　知識・技能

1 次の太字の語句の意味を調べなさい。

p.14 ℓ.3 ①**目をむいて**どなった。〔　　〕

p.17 ℓ.17 ②**年端もいかん**子を雇うてはならん。〔　　〕

p.18 ℓ.15 ③**小気味よさそうに**笑った。〔　　〕

p.19 ℓ.8 ④**暮れなずむ**岸壁をふらついていた。〔　　〕

2 次の語句を使って短文を作りなさい。

p.14 ℓ.1 ①しかも〔　　〕

p.17 ℓ.14 ②〜ずにはいられない〔　　〕

展開の把握

1 空欄に本文中の語句を入れて、各場面における智之の言動を整理しなさい。 ▼学習一

第一段落（初め～ p.13 ℓ.9）	第二段落（p.13 ℓ.10～p.16 ℓ.11）	第三段落（p.16 ℓ.12～p.19 ℓ.4）	第四段落（p.19 ℓ.5～終わり）
ア〔　　　〕からの誘い	オ〔　　　〕のトラブル	漁師としての自立	祖父と妹への報告
（父が訪ねてきた）翌朝 健兄ぃ「……乗らなあか？」→智之 智之 イ〔　　〕が心配だったがこんなチャンスはない。→乗ります 船酔いはなく、蛸はウ〔　　〕→エ〔　　〕思い	巻き上げ機がカ〔　　〕を始めた。 智之 海に潜ると、キ〔　　〕が岩礁の突端に引っかかっていた。 健兄ぃに、「外してくるけん」と告げる。→気分がク〔　　〕 再び潜り、何とかケ〔　　〕を外したが、 せき込んだため、肺に海水がなだれ込んできた。 薄れる意識の中でコ〔　　〕に抱きかかえられるのを感じた。（＝健兄ぃ）	智之 父親の元へ行かずに祖父と妹をサ〔　　〕つもり。 健兄ぃ 智之をシ〔　　〕として使うと約束。 →智之 今日から蛸漁が自分の仕事だと思った。	帰港 智之 一人で漁の後始末を終えて家に帰った。 祖父 酒を飲みながら焼き豚を食べていた。＝ス〔　　〕が持ってきた金。→大粒の涙を落とした。 智之 「どこにも行かなあよ。」「セ〔　　〕になったんじゃ。」

2 次の空欄に本文中の語句を入れて、登場人物の人物設定をまとめなさい。 思考力・判断力・表現力 ▼学習二

登場人物の人物設定

智之…小学ア〔　　〕。父の誘いを断り、島で漁師として自立することを決意する。

健兄ぃ…島の漁師。工事現場で右腕を失い、イ〔　　〕で船と巻き上げ機を買って蛸漁をしている。

智之のウ〔　　〕…蛸漁の名手だったが、年老いて年金以外の収入はわずかである。

智之の妹…六歳。名前はエ〔　　〕。智之とは父親が違うが、兄を慕っている。

智之の両親…父は松山に住む。母は去年急死。

主題

思考力・判断力・表現力

次の空欄に本文中の語句を入れて、全体の主題を整理しなさい。

瀬戸内海の小島で暮らす智之は、漁師の健兄ぃに誘われて船に乗り込み、ア〔　　〕を手伝う。イ〔　　〕を克服し、命がけで大切な巻き上げ機を救って力量を示した智之は、健兄ぃからウ〔　　〕として認められる。この出来事は、智之が大人になるための自立の儀式となった。憧れのエ〔　　〕への第一歩を踏み出し、経済的・精神的自立を果たした智之は、オ〔　　〕と妹に自分は今日から漁師になったと告げ、二人を養いながら島で生きていこうと決意する。

内容の理解

思考力・判断力・表現力

第一段落（初め〜p.13 ℓ.9）

1「智之は岸壁の端に立ちつくして耳を疑った。」（二・4）とあるが、どうして智之は「耳を疑った」のか。次から選びなさい。

ア　健兄ぃから「船に乗らないか」と誘われるとは思っていなかったから。

イ　健兄ぃが「船に乗らないか」と誘うのは当然のことだと思っていたから。

ウ　健兄ぃが本心から「船に乗らないか」と誘っているとは思えなかったから。

〔　　〕

2 智之が「次の命令をきかずに、ロープを巻き上げ機にセットした」（三・1）のは、彼のどのような気持ちの表れか。次から選びなさい。　▼脚問2

ア　健兄ぃは命令を出すのが遅いので、次の命令を待って巻き上げ機にロープをセットしたのでは間に合わないという焦り。

イ　健兄ぃからの次の命令はないと思い、自分で判断して巻き上げ機にロープをセットしなければならないという使命感。

ウ　健兄ぃの次の命令がなくても、巻き上げ機にロープをセットするという次の作業ができることを見せたいという意欲。

〔　　〕

3「その途端、ふと疑問がよみがえった。」（三・2）とあるが、よみがえったのはどのような「疑問」か。文章中の言葉を使って説明しなさい。

〔　　〕

第二段落（p.13 ℓ.10〜p.16 ℓ.11）

4「巻き上げ機の調子が……空回りを始めた」（三・10〜11）原因は何か。次から選びなさい。

ア　ロープが岩礁の突端に引っかかっていたこと。

イ　ロープが途中で切れそうになっていたこと。

ウ　巨大な蛸が海底でロープの端をつかんでいたこと。

〔　　〕

5「智之は気分が高揚しているのを感じた。」（五・12）とあるが、それはなぜか。次から選びなさい。　▼脚問6

ア　ロープを外すことによって、健兄ぃから自分が役に立つ人間だと認めてもらえると信じていたから。

イ　ロープを外すことによって、自分は小学生にもかかわらず漁師になれると自信を持ちたかったから。

ウ　ロープを外すことによって、島の人たちから小学生なのに大したものだとほめられると思ったから。

〔　　〕

6「自分の体が巨大な魚に抱きかかえられるのを感じた」（六・10）には比喩表現が用いられている。実際には誰がどうされたことかを説明しなさい。　▼言葉三

〔　　〕

第三段落

7「健兄ぃは笑っていた。」（七・4）とあるが、健兄ぃが笑っていた理由に合わないものを次から選びなさい。

ア　自分のためにおぼれそうになった智之が助かり安心したから。

イ　言うことを聞かない智之の無茶な行動が愚かに思えたから。

ウ　智之が無理をしてまでロープを外してくれてうれしかったから。

〔　　〕

第三段落（p.16 ℓ.12〜p.19 ℓ.4）

8 智之が「確かめずにはいられなかった」（一七・14）のは、どんなことか。文章中の言葉を使って説明しなさい。

〔　　〕

9 新傾向 「今日は、なんで乗せてくれたんじゃろう。」（一八・1）とあるが、健兄ぃが智之を船に乗せた理由を「養う」という言葉を使って、三十字以内で説明しなさい。

10 「父ちゃんが嘆いとった」（一八・14）とあるが、智之の父は何を嘆いていたのか。次から選びなさい。

ア　智之が小学生なのに、健兄ぃと漁に出て蛸取りをすること。
イ　智之が父の言うことを聞かず、島で暮らすつもりでいること。
ウ　祖父の飲酒を、智之が黙認して注意しないでいること。

〔　　〕

11 「智之は一人で……仕事を終えた。」（一九・6〜7）とあるが、この場面から読み取れることを次から選びなさい。▼脚問9

ア　健兄ぃが、智之に仕事を任せ自分は楽をしようと考えていること。
イ　智之が、蛸漁の仕事の流れを理解しており、充分にこなせること。
ウ　漁協の係員が、智之を一人前の漁師として扱っていること。

〔　　〕

12 「不審に思ってのぞくと」（一九・16）とあるが、智之はなぜ「不審に」思ったのか。次から選びなさい。

ア　心細がっていると思っていた妹の笑い声が聞こえてきたから。
イ　今の時間は家にいないはずの妹と祖父の声が聞こえたから。
ウ　祖父が妹と遊んでいるところを見たのは初めてだったから。

〔　　〕

第四段落（p.19 ℓ.5〜終わり）

13 「智之は……祖父を眺めていた。」（二〇・9）とあるが、このときの智之の気持ちとして適当なものを、次から選びなさい。▼脚問10

ア　自分は昼飯も食べずに働いていたのに、祖父が酒を飲んで楽しそうにしていたので腹が立ち、何も言えずにいる。
イ　封筒のお金を孫が稼いだものだと思って喜んでいる祖父に、父が来たことをどう伝えるべきか迷っている。
ウ　隠しておいたお金を持ち出してまで酒を飲まずにいられない祖父に憐れみを感じ、泣くのをこらえている。

〔　　〕

14 「キミ子が……見上げてきた」（二一・6〜11）から、キミ子についてどのようなことが読み取れるか。次から選びなさい。

ア　兄を慕い、頼りにしていること。
イ　島での生活から抜け出したがっていること。
ウ　祖父よりも兄を信頼していること。

〔　　〕

15 「やがてしわだらけの……涙を落とした。」（二一・17〜18）とあるが、祖父が涙を落としたのはなぜか。次から選びなさい。▼脚問12

ア　封筒のお金を無断で使ったことを責められず安心したから。
イ　この島で漁師になるという智之の言葉がうれしかったから。
ウ　智之が自分や妹のために働く必要があることが悔しかったから。

〔　　〕

よろこびの歌（宮下奈都）

学習目標　主人公の置かれている状況に注意しながら、心情の動きを読み取る。

教科書p.24～p.36

検印

漢字

1 太字の仮名は漢字に直し、太字の漢字は読みを記しなさい。　知識・技能

① **p.24 ℓ.12** 砕けてあとかた〔　〕もない。
② **p.25 ℓ.18** **がくふ**〔　〕を用意する。
③ **p.28 ℓ.5** **かんちが**〔　〕いをする。
④ **p.28 ℓ.17** 何度も**く**〔　〕やんだ。
⑤ **p.29 ℓ.2** この歌に**か**〔　〕ける。
⑥ **p.29 ℓ.17** **ゆうしょう**〔　〕する。
⑦ **p.30 ℓ.13** **とくい**〔　〕げに言う。
⑧ **p.31 ℓ.7** **がんば**〔　〕っている。
⑨ **p.31 ℓ.9** **みじ**〔　〕めな思いをする。
⑩ **p.32 ℓ.19** 走るのを**あきら**〔　〕める。
⑪ **p.33 ℓ.12** **いせい**〔　〕のいい声。
⑫ **p.34 ℓ.15** 心臓の**こどう**〔　〕。
⑬ **p.34 ℓ.19** **こがら**〔　〕な生徒がいる。
⑭ **p.35 ℓ.6** **ぎこう**〔　〕を重視する。
⑮ **p.25 ℓ.9** 思い出そうと**焦**〔　〕る。
⑯ **p.26 ℓ.13** **曖昧**〔　〕にうなずく。
⑰ **p.28 ℓ.7** 反対して**覆**〔　〕す。
⑱ **p.28 ℓ.19** 人の感情を**弄**〔　〕ぶ。
⑲ **p.29 ℓ.3** **頻繁**〔　〕に起こる。
⑳ **p.31 ℓ.1** **執着**〔　〕する。
㉑ **p.31 ℓ.9** 無理やり**蓋**〔　〕をする。
㉒ **p.32 ℓ.17** **最後尾**〔　〕に並ぶ。
㉓ **p.33 ℓ.2** 橋の**傍**〔　〕らに立つ。
㉔ **p.35 ℓ.4** 若草が**薫**〔　〕る。
㉕ **p.35 ℓ.5** はだしで**戯**〔　〕れる。
㉖ **p.35 ℓ.9** **紛**〔　〕れもなく私たちの歌だ。

語句

1 次の太字の語句の意味を調べなさい。　知識・技能

① **p.25 ℓ.4** **迂闊**《うかつ》だったね。
〔　〕
② **p.26 ℓ.15** 私の言葉に柴崎さんが**首をひねる**。
〔　〕
③ **p.32 ℓ.7** 満足感の**かけらもない**。
〔　〕

2 次の空欄に適語を入れなさい。

① **p.28 ℓ.13** 三々〔　〕集まっておしゃべりをしている。
② **p.33 ℓ.6** 肩で〔　〕をして歩く。

3 次の語句を使って短文を作りなさい。

① **p.30 ℓ.12** 逆手に取る
〔　〕
② **p.34 ℓ.7** 一向に
〔　〕

展開の把握

1 空欄に本文中の語句を入れて、本文の内容を整理しなさい。 ▼学習一

第一段落（初め～p.28 ℓ.11）	第二段落（p.28 ℓ.12～p.31 ℓ.18）	第三段落（p.31 ℓ.19～p.32 ℓ.14）	第四段落（p.32 ℓ.15～終わり）
歌う曲を決める	はかどらない練習	合唱コンクールの結果	マラソン大会での出来事
合唱の練習の初日　集まったのは五人だけ。 私　去年の〔ア　　〕がない＝高校生活全般に〔イ　　〕がない。 私が持ってきた曲の中から歌う曲を決める。 同級生　音楽大学附属高校受験時の課題曲『麗しのマドンナ』を選ぶ。	同級生　〔ウ　　〕に歌う。＝練習ははかどらなかった。 私　すべてを賭けて〔エ　　〕に歌った自分が〔オ　　〕みたい。 同級生　「音楽は〔カ　　〕もので、勝ち負けは関係ないはずだ。」 私　音楽に対する自分の〔キ　　〕がつかめなくなった。	私　指揮を降りてしまえば〔ク　　〕になれる。→降りなかった。 あの曲を歌う以上、最後まで〔ケ　　〕責任がある。 合唱コンクールは、こんなに〔コ　　〕舞台には二度と立ちたくないと思ったほどの、さんざんな結果に終わった。 私　『麗しのマドンナ』をもう歌うことも〔サ　　〕と思った。	私　マラソン大会の日。いちばん最後に学校に戻ってくる。 →どこからか〔シ　　〕が聞こえてきた。＝『麗しのマドンナ』 この歌が〔ス　　〕で、いきいきと生きる〔セ　　〕を歌った歌だということに、初めて気づいた。歌っていたのは同級生たち。 私を〔ソ　　〕ために歌ってくれているとわかった。 →涙を拭いながらゴールに向かっていた。

思考力・判断力・表現力

2 次の空欄に本文中の語句を入れて、第一段落の選曲における「私」と「同級生たち」との意識の違いをまとめなさい。 ▼学習二

私
・「何度か〔ア　　〕すればちゃんと歌えるよ。」
・『麗しのマドンナ』は楽しげで簡単そうな歌に聞こえるけれど……一本調子になりがちで、聴衆を〔イ　　〕させることができない。
→音楽への理想・期待値の高さ

同級生たち
・「難しすぎる。無理だよ。」
・「これがいちばん〔ウ　　〕だよ。」
→楽に済ませたいという意識

主題

思考力・判断力・表現力

●次の空欄に本文中の語句を入れて、全体の主題を整理しなさい。

私は合唱コンクールで、入試の課題曲だった『麗しのマドンナ』を指揮することになった。しかし、コンクールはさんざんな結果に終わり、私は元の〔ア　　〕した生活に戻った。次のイベントであるマラソン大会で、この歌が聞こえてきた。私は、この歌が生きる〔イ　　〕を歌った歌であること、また同級生たちが自分を〔ウ　　〕ために歌っているということを感じ取り、歌のあるべき姿に気づかされた。

内容の理解

思考力・判断力・表現力

第一段落（初め〜p.28 ℓ.11）

1「練習の初日、……五人だけだった。」（二四・10）とあるが、このときの五人の思いがわかる一文を本文中から抜き出し、初めの五字で答えなさい。

2 私が、学校生活に何の期待も抱いていないことがわかるひと続きの二文を練習初日の場面から抜き出し、初めと終わりの五字で答えなさい。（記号は字数に含める）

〜

3「佐々木さんが……目をそらした」（二六・10）のはなぜか。三十字以内で答えなさい。

4「それをぐっと飲み込んだ」（二七・1）のはなぜか。次から選びなさい。

ア　音楽に詳しくもない同級生に、これ以上口出しされるのが耐えられなかったから。

イ　せっかく集まった同級生の今の雰囲気を、壊してはならないという思いがはたらいたから。

ウ　自分が好きで出場するわけでもなく、流行歌のアレンジなどを歌うのは嫌だったから。〔　　〕

第一段落（初め〜p.28 ℓ.11）

5「決定の声を……立ち上がった」（二六・10〜11）から、合唱コンクールに対するどんな気持ちがわかるか。三十字以内で答えなさい。

第二段落（p.28 ℓ.12〜p.31 ℓ.18）

6「しかたのないことだと……たびたび訪れた」（二九・1〜3）のは、どうしてか。最も適当なものを次から選びなさい。

ア　今、私がぼんやりとした高校生活を送るようになったのもこの歌のせいだということを同級生の誰一人知らず、弄ぶように歌うのを聞いて苛立《いらだ》ちを抑えられないから。

イ　試験に合格するために真剣に歌った歌が、今、同級生たちにいい加減に歌われるのを聞いて、あれは何だったのかと、以前の自分を振り返ってむなしさを覚えたから。

ウ　試験の課題曲として今も心の中に大切に思っている歌が、同級生たちによってばらばらに解体されアレンジされていくのを見るのが口惜しくてしかたがないから。〔　　〕

7「——落ちるよ」（二九・11）から、私のどんな思いが読み取れるか。次から選びなさい。 ▼脚問3

ア　歌っている人の人柄が卑しくなるだろうという思い。

イ　入試に失敗したことが今でも拭い去れないという思い。

ウ　せっかくのいい歌が駄目になってしまうという思い。〔　　〕

第三段落（p.31 ℓ.19〜p.32 ℓ.14）

8 **「受験と……あの歌」**（三・8〜9）**とは、どういうことを言っているのか。次から選びなさい。**

ア 『麗しのマドンナ』が、受験では失敗し、合唱コンクールではさんざんな目に遭って、二つも汚点がついたということ。

イ 受験と合唱コンクールの二つの失敗で、『麗しのマドンナ』に対する私の執着心が吹っ切れたということ。

ウ 『麗しのマドンナ』に、二回も無理やり取り組まされて、二度と歌いたくないほどうんざりしたということ。〔　〕

9 **「何をやっているんだろう」**（三・4）**とあるが、このときの私の気持ちを、本文中の語句を用いて答えなさい。** ▼脚問5

〔　　　　　　〕

第四段落（p.32 ℓ.15〜終わり）

10 **「このガンはラ。ドレミファソラ、の、ラだ。」**（三四・10）**という部分からどのようなことがわかるか。次から選びなさい。**

ア すべての人間には、絶対音感があること。

イ 私の走るつらさが、最高潮に達したこと。

ウ マラソン中でも、私が音楽から離れられないこと。〔　〕

11 **「あのときの歌とは、まるで別の歌に聞こえる。」**（三五・2）**とあるが、合唱コンクールのときの『麗しのマドンナ』とは別の歌に聞こえたのはなぜか。その理由として適当でないものを次から選びなさい。**

ア 同級生たちが私を励まそうという主体的な意欲を持って歌ったことで歌に技巧が備わったから。

イ 『麗しのマドンナ』が素朴で、いきいきと生きる喜びを歌った歌であることに、私が気づいたから。

ウ 他者から無理に歌わされるのではなく、同級生たちの自然な感情の高まりから生まれた歌だから。

第四段落（p.32 ℓ.15〜終わり）

12 **「彼女たちの歌」**（三五・9）**の「彼女たち」とは誰のことか。本文中から七字で抜き出しなさい。**

全体

13 新傾向 **「短パンの小柄な生徒」**（三四・18）**について、生徒たちが会話をしている。空欄にあてはまる語句を簡潔に答えなさい。**

生徒A：「短パンの小柄な生徒」とは、原さんのことですね。

生徒B：原さんは、これ以前でも何度か登場しています。合唱コンクールに向けての練習の場面では、「もうちょっと、みんな、気持ちを合わせようよ。」と発言しています。この場面からは、〔　①　〕性格が感じられます。

生徒C：マラソン大会のスタート直後の場面にも登場しています。この場面からは、意外と〔　②　〕ということがわかりますね。

①〔　　　〕

②〔　　　〕

学習目標　比喩について理解し、作品に示された作者の思いを読み取る。

道程（高村光太郎）

教科書 p.38～p.39

検印

要点の整理　思考力・判断力・表現力

○空欄に適語を入れて、詩の大意を整理しなさい。

〔ア　　　〕が歩んでいくこれからの〔イ　　　〕、〔ウ　　　〕はそれを自分自身の力で〔エ　　　〕いくつもりだ。しかし、全くの一人きりではない。広大な〔オ　　　〕である自然に〔カ　　　〕もらい、その〔キ　　　〕を〔ク　　　〕の内に充《み》たしてほしい。これからの長く険しい〔ケ　　　〕のために。

内容の理解　思考力・判断力・表現力

1「気魄《きはく》」（三八・7）の意味を調べなさい。

〔　　　　〕

2「道」（三八・1）とは、何の比喩として使われているか。漢字二字で答えなさい。　▼学習一

3「父」（三八・4）とは、何の比喩として使われているか。詩の中から漢字二字を抜き出しなさい。　▼学習二

4「守る事をせよ」（三八・6）、「充たせよ」（三八・7）という命令的な表現を用いることによって、これからの人生に立ち向かおうとする「僕」の決意に対して、どのような効果をあげているか。次から選びなさい。　▼学習三

ア　「僕」の決意が父母の影響であることを表す効果。
イ　「僕」の決意に父の助けを求める気持ちを表す効果。
ウ　「僕」の決意をよりいっそう力強いものにする効果。

〔　　　〕

5 新傾向 「僕」にとって「父の気魄」（三八・7）とはどのようなものか、三人の生徒が発言している。どの生徒の発言が最も適当か。次から選びなさい。

生徒A：「僕」に男性的なたくましさを強いるものだと思います。
生徒B：「僕」の前に立ちはだかって試練を与えるものだと思います。
生徒C：「僕」に生きるための強い精神力を与えるものだと思います。

生徒〔　　　〕

6「僕から目を離さないで守る事をせよ……この遠い道程のため」（三八・6～9）には、二度の繰り返しのほかに、どのような修辞法が使われているか。漢字三字で答えなさい。

高村光太郎

著名な彫刻家、高村光雲《こううん》の長男として生まれる。欧米留学を通じて、創造に全存在を賭ける芸術家のあり方を知る。真の近代人としての自覚を獲得した彼は西洋と東洋の亀裂に苦悩し、放埒《ほうらつ》で退廃的な生活を送り、耽美《たんび》派集団「パンの会」に参加する。

一九一一年（明治四四）、長沼智恵子《ながぬまちえこ》との運命的な出会いによって、生活も詩風も一変し、人道主義的な詩を書き、雑誌「白樺《しらかば》」に接近する。自ら油絵を描く智恵子の個性とぶつかり合うことで、彼の苦悩は解放されるのであった。

学習目標 リズムや表記の特徴を理解し、作品に込められた作者の思いを読み取る。

小景異情（室生犀星）

教科書p.40〜p.41

検印

要点の整理 思考力・判断力・表現力

○空欄に適語を入れて、詩の大意を整理しなさい。

生まれ育った懐かしい〔ア　　　〕に、自分は再び帰ってきた。しかし、自分の心の中で〔イ　　　〕っていたふるさととは異なっていた。やはり一度あとにした〔ウ　　　〕は、たとえ遠いかの地で〔エ　　　〕ようとも帰ってくる所ではなかったのだ。〔オ　　　〕時に一人〔カ　　　〕を思い涙ぐむ。そういう心を持って、〔キ　　　〕に帰りたいものだ。

室生犀星

七歳で養子となり、室生姓を名乗る。実父と死別、実母と生別という薄幸な幼年期を過ごした。この生い立ちが、彼の文学に大きな影響を与える。一九一二年（大正元）、北原白秋《きたはらはくしゅう》のひきたてで詩壇に登場した。萩《はぎ》原朔太郎《わらさくたろう》と詩誌「感情」を創刊。反自然主義・反象徴詩の立場で口語自由詩を提唱し、青少年期の憂い・哀愁・孤独を素朴に歌いあげた。一九一八年（大正七）に処女詩集『愛の詩集』、第二詩集『抒情《じょじょう》小曲集』を刊行し、詩壇における地位を確立した。また、小説にも力を注ぎ、『性に眼覚《めざ》める頃』、『あにいもうと』、『杏っ子』などの作品を発表した。

内容の理解 思考力・判断力・表現力

1 この詩のリズムの基調となっている音数律を、漢字三字で答えなさい。 ▼学習一

〔　　　〕

2 タイトルの「小景異情」とは、どのような意味か。簡潔に答えなさい。

〔　　　〕

3 「悲しくうたふ」（四・2）と同じ意味の表現を、詩の中から一行抜き出しなさい。

〔　　　〕

4 「遠きみやこにかへらばや」（四・9）はどのように口語訳できるか。次から選びなさい。

ア　遠い都に帰りたいものだ。

イ　遠い都に帰りたくないなあ。

ウ　遠い都に帰ったとしたら。

〔　　　〕

5 新傾向 この詩に込められた作者の思いについて、ある生徒が次のような文章を書いた。空欄にあてはまる語句をあとから選びなさい。 ▼学習二 ▼学習三

作者の「ふるさと」に対する思いは複雑である。「よしや／うらぶれて異土の乞食になるとても／帰るところにあるまじや」からは、「ふるさと」に対する〔①　　〕が感じられるが、「ふるさとおもひ涙ぐむ」からは〔②　　〕が感じられる。

ア　なつかしさや親しみ　イ　失望や反発　ウ　強い期待

エ　いくばくかの懸念　オ　深い愛情

①〔　　　〕　②〔　　　〕

学習目標　この詩で理想としている世界はどのようなものか理解する。

六月（茨木のり子）

教科書 p.42～p.43

検印

要点の整理　思考力・判断力・表現力

〇空欄に詩の中の語句を入れて、詩の大意を整理しなさい。

どこかに美しい〔ア　　〕はないか。一日の仕事の終《おわ》りには、皆が黒麦酒の〔イ　　〕を傾けるような。どこかに美しい街はないか。〔ウ　　〕実をつけた街路樹が続き、〔エ　　〕のやさしいさざめきが満ちるような。どこかに美しい人と人との力はないか。同じ〔オ　　〕を生きる力がたちあらわれるような。そうした〔カ　　〕ものを私は求める。

茨木のり子

薬剤師の資格を取得するが、自分は文学に向いていると感じ、劇作を志す。戯曲の台詞《せりふ》が生きていないと感じ、詩の投稿を始める。

一九五三年（昭和二八）に、川崎洋《かわさきひろし》と同人誌「櫂《かい》」を創刊。谷川俊太郎・吉野弘・大岡信など有名な詩人たちを同人に加え、有力な詩誌に育てた。作品は、のびやかで率直な詩風であるが、日常生活に根ざした現実批判の鋭い眼が宿っている。民話集・童話などの作品もある。

主な詩集に『見えない配達夫』、『鎮魂歌』などがある。

内容の理解　思考力・判断力・表現力

1 詩の各連の一行目にある「美しい」という言葉は、何に対して使われているか。次から選びなさい。 ▶学習一

ア　すべての人々に行き渡る食糧の豊富さ。
イ　理想的な人々の生き方や人々の関係性。
ウ　自然が人々にもたらしてくれる恩恵。

〔　　〕

2 「鋭い力」（四三・3）とは、どのような「力」か。次から選びなさい。

ア　社会に対する人々の連帯感によって結ばれた力。
イ　自然に対して厳しい労働で立ち向かってゆく力。
ウ　将来に対する不安を笑いで打ち消そうとする力。

〔　　〕

3 この詩で理想としている世界はどのようなものか。それを説明した次の文の空欄に詩の中の語句を入れなさい。 ▶学習三

日々充実した〔①〕に励み、〔②〕と〔③〕の間に差別がなく、〔④〕は伸び伸びとしていて、人々が同じ〔⑤〕を生きる連帯感に結ばれている世界。

①〔　　〕　②〔　　〕　③〔　　〕
④〔　　〕　⑤〔　　〕

4 この詩の題名が、「六月」であるのはなぜか。次から選びなさい。 ▶学習四

ア　初夏という季節が、生き生きとした生命力あふれる人々の姿を表すのに最もふさわしいから。
イ　六月はじめじめしていて、美しいものを考えることで現実を忘れたくなる季節だから。
ウ　現代を生きるのは並大抵の苦しさではなく、過去の楽しい思い出は六月が最も多かったから。

〔　　〕

学習目標　「I was born」という言葉がどのようなイメージで捉えられているかを読み取る。

I was born（吉野弘）

教科書p.44～p.46

検印

要点の整理

思考力・判断力・表現力

○空欄に適語を入れて、詩の大意を整理しなさい。

或る〔ア　　〕の宵、父と僕は境内で身重の女とすれ違った。その時僕は〔イ　　〕のうごめきを連想し、生まれ出ることの〔ウ　　〕に打たれた。そして英語の〔エ　　〕が受身形であり、人間は生まれさせられるんだと父に話した。父は暫《しば》くして〔オ　　〕の話をし、続いて僕の誕生で〔カ　　〕が死んだと告げた。僕は自分の肉体が母の胸までふさいでいた情景を思い描いた。

吉野弘

第二次世界大戦が激しさを増す中で青年期を迎えた。十四歳のときに母を失った。一九四四年（昭和一九）、十八歳のとき最後の徴兵検査に合格するが、入隊日の五日前に敗戦を迎え、大きな衝撃を受ける。戦後、労働組合運動に従事するが過労で倒れ、肺結核を発病、三年間の療養生活を送る。そのころから詩作を始め、詩誌「詩学」に投稿二作目の「I was born」が載り、注目を浴び、戦後を代表する作品の一つとなった。第一詩集『消息』で、詩人としての地位を築いた。

内容の理解

思考力・判断力・表現力

1 「青い夕靄《ゆうもや》の奥から……こちらへやってくる。」（四四・2～3）には、どのような効果があるか。次から選びなさい。

ア　不気味な印象を与え、僕の将来が悲運になると思わせる効果。
イ　幻覚のような印象と、僕を宿した母の幻影を思わせる効果。
ウ　はかなげな印象と、母子の尽きない情愛を思わせる効果。

〔　　〕

2 「僕は女の腹から眼《め》を離さなかった。」（四四・4）とあるが、「僕」は何に感動していたのか。詩中の語句を用いて答えなさい。

〔　　〕

3 「――I was born さ。……意志ではないんだね――」（四五・3～4）という息子の言葉を聞いて、父はどう思ったか。「生まれる」「深い意味」という語を用いて答えなさい。

〔　　〕

4 「父の話のそれからあとは　もう覚えていない。」（四六・3）とあるが、その理由を答えなさい。

〔　　〕

5 父は「蜉蝣《かげろう》」の話をすることで、子供である「僕」に何を伝えたかったと思われるか。次から選びなさい。　▼学習三

ア　母から与えられた生の大切さをしっかり受け止めてほしい。
イ　母の死を無駄にしないようこれから有意義に生きてほしい。
ウ　母のように早死にしないためにも自覚して行動してほしい。

〔　　〕

学習目標　下人がある決断をするに至るまでの、行動や心理の推移、場面の展開を捉える。

羅生門（芥川龍之介）

教科書 p.48～p.60

検印

漢字　知識・技能

1 太字の仮名は漢字に直し、太字の漢字は読みを記しなさい。

① p.48 ℓ.6 **じしん**［　　］が起こる。
② p.50 ℓ.7 **こくげん**［　　］が遅い。
③ p.50 ℓ.7 門の**くず**［　　］れ。
④ p.50 ℓ.14 **ひま**［　　］を出される。
⑤ p.51 ℓ.11 **みちばた**［　　］の土の上。
⑥ p.53 ℓ.1 **にご**［　　］った、黄色い光。
⑦ p.53 ℓ.7 **むぞうさ**［　　］に捨てる。
⑧ p.53 ℓ.17 次の**しゅんかん**［　　］。
⑨ p.54 ℓ.12 激しい**ぞうお**［　　］の心。
⑩ p.56 ℓ.7 怒りを**さ**［　　］ます。
⑪ p.56 ℓ.15 **するど**［　　］い目つき。
⑫ p.58 ℓ.5 太刀を鞘《さや》に**おさ**［　　］める。
⑬ p.58 ℓ.16 **ふい**［　　］に手を離す。
⑭ p.59 ℓ.12 **ゆくえ**［　　］がわからない。
⑮ p.48 ℓ.7 **災**［　　］いが起こる。
⑯ p.48 ℓ.9 **薪**［　　］の料《しろ》。
⑰ p.50 ℓ.10 腰を**据**［　　］える。
⑱ p.50 ℓ.15 町が**衰微**［　　］する。
⑲ p.51 ℓ.17 考えを**肯定**［　　］する。
⑳ p.52 ℓ.6 雨風の**憂**［　　］えがない。
㉑ p.52 ℓ.8 丹《に》を**塗**［　　］ったはしご。
㉒ p.54 ℓ.1 嗅覚を**奪**［　　］った。
㉓ p.55 ℓ.12 **慌**［　　］てふためいた。
㉔ p.56 ℓ.8 仕事が**成就**［　　］する。
㉕ p.58 ℓ.9 老婆を**捕**［　　］らえた。
㉖ p.59 ℓ.6 はしごを**駆**［　　］け下りた。

語句　知識・技能

1 次の太字の語句の意味を調べなさい。

① p.51 ℓ.13 何度も同じ道を**低回**する。
［　　］
② p.54 ℓ.6 **暫時**は息をするのさえ忘れていた。
［　　］

2 次の空欄にあとから適語を選んで入れなさい。

① p.50 ℓ.13 ふだんなら、［　　］、主人の家へ帰るべきはずである。
② p.52 ℓ.8 上なら、人がいたにしても、［　　］死人ばかりである。
③ p.54 ℓ.16 ［　　］下人は、なんの未練もなく、飢え死にを選んだことであろう。
（もちろん　おそらく　どうせ）

3 次の語句を使って短文を作りなさい。

① p.52 ℓ.16 たかをくくる
［　　］
② p.54 ℓ.13 語弊がある
［　　］

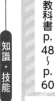

展開の把握

1 次の空欄に本文中の語句を入れ、各場面における下人の行動や心理をまとめなさい。 ▼学習一

第一段落（初め～p.52 ℓ.11）	第二段落（p.52 ℓ.12～p.55 ℓ.6）	第三段落（p.55 ℓ.7～p.59 ℓ.6）	第四段落（p.59 ℓ.7～終わり）
羅生門の〔ア　〕で	羅生門楼上へ出る〔カ　〕で	羅生門の楼上で	羅生門の〔シ　〕へ
主人から〔イ　〕を出された下人 ＝行く先がない → 〔ウ　〕を待っていた 〔エ　〕する 〔オ　〕になる → 選択しかねている	下人 楼上に 人 の気配を察し、息を殺しながら上の様子をうかがう。 ＝ 老婆 が死人の〔キ　〕を抜いているのを見た 〔ク　〕に対する反感 → 勢いよく燃え上がった	下人 → 老婆 を捕らえる 「何をしていたか」・悪いことをした者は悪いことをされても大目に見てくれる 「それはなぜか」・飢え死にしないために〔ケ　〕する悪は許される 老婆の論理 → 〔コ　〕になる勇気が生まれる 老婆から〔サ　〕を奪い、はしごを駆け下りる	外には、〔ス　〕たる夜があるばかりである。 下人の〔セ　〕は、誰も知らない。

2 次の空欄に第一段落中の語句を入れて、場面設定と主人公の人物設定をまとめなさい。 ▼学習二 思考力・判断力・表現力

場面設定

- **場所** 〔ア　〕の下
- **時代** 〔イ　〕朝
- **季節** 夕冷え・〔ウ　〕が欲しいほどの寒さ ↓ 秋
- **時間** 〔エ　〕・〔オ　〕・〔カ　〕

主人公の人物設定

- **呼び方** 〔キ　〕
- **年齢** 右の頰に〔ク　〕＝若い
- **境遇** 主人から〔ケ　〕を出された

主題

●次の空欄に本文中の語句を入れて、全体の主題を整理しなさい。 思考力・判断力・表現力

主人に暇を出され、行く先のない下人は、〔ア　〕の下で雨やみを待っている。途方に暮れていた下人は、〔イ　〕をするか〔ウ　〕になるか選びかねていた。楼の上で正義感から老婆を捕らえたが、〔エ　〕に対する悪は許される、しかたがなくする〔オ　〕は許されるという老婆の言い分を契機に、〔カ　〕になる勇気を持つ。災いや飢饉《ききん》が続き、世の中が乱れているという極限状況において、人間の心理がいかなるものであるかを描いている。

内容の理解

思考力・判断力・表現力

第一段落（初め～p.52 ℓ.11）

1 「そのかわり……来るのである。」（五〇・3～6）における「からす」の描写は、どのような雰囲気を表しているか。次から選びなさい。 脚問2

ア 明るい雰囲気　イ 優雅な雰囲気　ウ 不気味な雰囲気　〔　　〕

2 「雨は、羅生門を包んで、……雲を支えている。」（五一・7～9）という描写は、どのような効果をもたらしているか。次から選びなさい。

ア 雨がだんだんひどくなり、辺りが暗くなっていく様子を強調する効果。

イ 空模様と同様に、下人の心情も、暗く重苦しいものであることを暗示する効果。

ウ 平安時代という時代が、暗くじめじめしていた時代であると思わせる効果。

〔　　〕

3 「しかしこの『すれば』は、……結局『すれば』であった。」（五一・14）とは、具体的にどのようなことか。本文中から抜き出し、初めと終わりの六字で答えなさい。（句読点は含めない）

［　　　　　　］～［　　　　　　］

4 作者が「下人」の呼び方を「一人の男」（五三・13）に変えた最も適当な理由を次から選びなさい。 脚問4

ア 呼び方を変えることによって、文章に変化を出すため。

イ 客観的に表現し直すことによって、下人に改めて焦点をあてるため。

ウ 下人の孤独な境遇を強調することで、読者の関心を引きつけるため。

〔　　〕

第二段落（p.52 ℓ.12～p.55 ℓ.6）

5 「ある強い感情」（五三・17）はこの部分よりあとでどう言い換えられているか。本文中から十五字以内で抜き出しなさい。 脚問6

6 「猿のような老婆」（五四・3）について、次の問いに答えなさい。

(1) 比喩の種類を漢字で答えなさい。

(2) どのような老婆か。次から選びなさい。

ア 猿のようにうずくまり、小さくなっている異様な老婆。

イ 猿のように顔がしわくちゃで、愛嬌《あいきょう》のある動きをする老婆。

ウ 猿のように運動神経が発達していて、年齢のわりには敏捷《びんしょう》な老婆。

〔　　〕

7 「その髪の毛が、一本ずつ抜けるのに従って、下人の心からは、恐怖が少しずつ消えていった」（五四・11）のはなぜか。次から選びなさい。

ア 老婆が何をしているかがわかってきたから。

イ 老婆よりも自分のほうが強いとわかってきたから。

ウ 闇夜の暗さや羅生門の不気味さに慣れてきたから。

〔　　〕

第二段落

8 「下人は、なんの未練もなく、飢え死にを選んだことであろう。」（五四・16）とあるが、下人に「飢え死に」を選ばせる感情とは、どのような感情か。本文中から十字程度で抜き出しなさい。

第三段落（p.55 ℓ.7〜p.59 ℓ.6）

9 「これだぞよ。」（五六・1）とは、どのようなことを言っているのか。十五字以内でわかりやすく答えなさい。

10 「安らかな得意と満足」（五六・8）とは、この場合どのようなことに対する満足か。次から選びなさい。

ア　怪しい老婆をたやすく取り押さえた満足感。
イ　老婆が何をしていたか明白になった満足感。
ウ　老婆の生死を左右することができる満足感。

〔　　〕

11 「冷ややかな侮蔑」（五七・4）の心が生まれてきたのはなぜか。本文中の語句を用いて、二十字以内で答えなさい。

12 「ある勇気」（五八・8）とは、どのような勇気か。本文中の語句を用いて、簡潔に答えなさい。

▼脚問11

〔　　〕

第三段落（p.55 ℓ.7〜p.59 ℓ.6）

13 「この老婆を捕らえたときの勇気」（五八・9）とは、どのような勇気か。本文中の語句を用いて答えなさい。

〔　　〕

14 「下人は嘲るような声で念を押した」（五八・15）のはなぜか。次から選びなさい。

ア　下人は盗人《ぬすびと》になる決断をしたが、老婆の言ったことが愚かしく思え、そんな考えで大丈夫かと疑念を抱いたから。
イ　下人が盗人になる決心を後押ししたことも、その最初の被害者になることも気づかない老婆を見下す気持ちが湧いたから。
ウ　下人は盗人になる決断をしたが、このような老婆の言葉に左右された自分が愚かしく思えたから。

▼脚問12

〔　　〕

15 「俺もそうしなければ、飢え死にをする体なのだ。」（五九・1）と言った下人は、どのような理屈を考えたのか。「〜は許される。」に続く形で、十五字以内で答えなさい。

▼学習四

は許される。

全体

16 この作品では「にきび」について繰り返し言及されているが、「不意に右の手をにきびから離して」（五八・16）に着目すると、「にきび」はどのようなことを象徴していると考えられるか。次から選びなさい。

ア　下人の身体の力強さ。
イ　下人の心の迷い。
ウ　下人の過去の罪。

〔　　〕

学習目標 『羅生門』と『今昔物語集』を違いに着目して読み比べる。

活動 『羅生門』と『今昔物語集』との読み比べ

教科書p.48～p.60

検印

○『羅生門《らしょうもん》』の典拠となった『今昔物語集』の「羅城門《らしょうもん》の上層《うはこし》に登りて死人を見たる盗人の語《こと》」の口語訳を読んで、あとの問いに答えなさい。 ▼活動一

今となっては昔の話だが、*摂津の国のあたりから、盗みをしようというつもりで京に上って来た男が、日がまだ暮れなかったので、羅城門の下に隠れ立っていたが、朱雀《すざく》大路のほうでは人々が頻繁に行き来するので、人通りが静まるまでと思って、門の下に立って時の過ぎるのを待って立っていたところ、山城の方面から人々が大勢来る音がしたので、やって来る人々に姿を見られまいと思って、門の二階にそっとよじ登ったが、見ると、灯がぼんやりとともっている。

盗人は、おかしなことだと思って、*連子《れんじ》窓からのぞいたところ、若い女で、死んで横たわっている女がいる。その枕元に灯をともして、ひどく年老いた老婆で、髪の白い老婆が、その死人の枕元に座って、死人の髪の毛を手荒くぐいぐいと抜き取っているのであった。

盗人はこれを見ると、どうにも合点がいかないので、これはもしかしたら鬼ではなかろうかと思ってぞっとしたが、もしかしたら死人であるかもしれない、ひとつ脅して試してみようと思って、そっと戸を開けて、刀を抜いて、「こいつめ。」と言って走りかかったところ、老婆は、あわてふためいて、手をもんでおろおろするので、盗人が、「おまえはいったい何者だ。婆《ばあ》さんが何をしているのだ。」と聞いたところ、老婆は、「私の主人でいらっしゃる方が、お亡くなりになられたのを、弔いをしてくれる人がいないので、こうしてここに置き申し上げているのです。そのおぐしが身の丈以上に長いので、それを抜き取ってかつらにしようと思って抜いているのです。どうかお助けください。」と言ったところ、盗人は、死人の着ていた着物と老婆の着ていた着物と、抜き取ってあった髪の毛とを奪い取って、駆け下りて逃げ去った。

ところで、その門の二階には、死人の骸骨がたくさんあった。死んだ人で、葬式などできない人を、この門の上に捨て置いたのであった。

この話は、その盗人が他の人に語ったのを聞き継いで、このように語り伝えたとかいうことである。

語注

＊摂津の国…旧国名の一つ。現在の大阪府北西部と兵庫県南東部あたり。

＊連子窓…細い角材を縦または横にすき間をあけて並べた窓。

今昔物語集 説話集。編者未詳。平安時代後期の十二世紀前半に成立。三十一巻、一千有余の説話から成る。天竺（インド）、震旦（中国）、本朝（日本）の三部に分かれ、仏教的な説話が三分の二を占めるが、世俗的なものも多い。

内容の理解

思考力・判断力・表現力

新傾向 『今昔物語集』と『羅生門』の違いをまとめた次の表と、表を見て話し合いをしている様子を示した会話文を読んで、あとの問いに答えなさい。

	『今昔物語集』	『羅生門』
主人公	〔　①　〕をするつもりで京に上って来た男。	主人から暇を出された下人。
老婆の行為を見たときの感情	どうにも〔　②　〕がいかない。	あらゆる悪に対する憎悪。
老婆が髪の毛を抜いた相手（死人）	老婆の〔　③　〕。	蛇を干し魚と偽って売っていた女。
主人公が盗んだもの	・死人の髪の毛。 ・死人の〔　④　〕。 ・老婆の着物。	老婆の着物のみ。
結末	主人公が〔　⑤　〕に語ったので話が広まった。	主人公の行方はわからない。

生徒Ａ：『今昔物語集』では、主人公が初めから盗人《ぬすびと》であったのに対して、『羅生門』では、主人から暇を出された下人が、老婆と出会うことで、盗人になってしまっているね。

生徒Ｂ：そうだね。下人は老婆が死人から髪の毛を盗んでいるのを見たとき、「激しい憎悪」を感じているね。つまり、［Ⅰ］。

生徒Ｃ：それが、老婆の言い分を聞いているうちに変わって、最終的には盗人になることを決意したんだね。

生徒Ｄ：その点は、『今昔物語集』の主人公とは異なっているね。

生徒Ｅ：『羅生門』の下人は老婆の言い分をどう解釈したんだろう。

生徒Ｆ：［Ⅱ］をしないために、老婆が髪を抜いた女は蛇を干し魚と偽って売り、老婆は死人の髪を抜いて売る。それならば、自分も［Ⅱ］をしないために老婆の着物を剝ぐのは許されるという結論になったんだ。

生徒Ｇ：つまり、作者である芥川龍《あくたがわりゅう》之《の》介《すけ》は、この作品で［Ⅲ］を描きたかったのではないかな。

1 空欄①〜⑤にあてはまる言葉を『今昔物語集』の口語訳から抜き出しなさい。

①
②
③
④
⑤

2 空欄Ⅰにあてはまる最も適当な言葉を次から選びなさい。

ア　自分が盗人になることがよいことだとは思わなかったんだよね。
イ　自分は盗人には決してなるまいと思っていたんだよね。
ウ　自分が盗人であることを恥じていたんだよね。　〔　　〕

3 空欄Ⅱにあてはまる言葉を『羅生門』から四字で抜き出しなさい。

4 空欄Ⅲにあてはまる最も適当な言葉を次から選びなさい。

ア　生きるために仕方なく悪を行うか、自分の誉れのため飢え死にを受け入れるかという心の葛藤。
イ　たとえ生きるためには仕方がないと感じられたとしても、悪を行うことは決して許されないという訓戒。
ウ　悪だと分かっていても、自分が生きのびるためにそれを肯定し、実践してしまう人間の利己的な考え。　〔　　〕

学習目標　登場人物の人物像をつかみ、主人公の心情の変化を読み取る。

ほねとたね（川上弘美）

教科書 p.61〜p.72

検印

漢字　知識・技能

1 次の太字の仮名は漢字に直し、太字の漢字は読みを記しなさい。

① **しょうじょう**［　　］を渡す。（p.61 ℓ.6）
② **ぶたい**［　　］に登る。（p.61 ℓ.8）
③ 神社の**うらて**［　　］。（p.62 ℓ.12）
④「来なよ」と**さそ**［　］われる。（p.63 ℓ.3）
⑤ デートを**ことわ**［　］られる。（p.64 ℓ.3）
⑥ 首を**なな**［　］めに振る。（p.64 ℓ.12）
⑦ **けっきょく**［　　］電話した。（p.64 ℓ.18）
⑧ 短いスカートを**は**［　］く。（p.66 ℓ.7）
⑨ 笑うのが**じょうず**［　　］だ。（p.66 ℓ.19）
⑩ **しょうじき**［　　］に答える。（p.67 ℓ.7）
⑪ 料理を食べ**つ**［　］くす。（p.67 ℓ.19）
⑫ テストは**らくしょう**［　　］だ。（p.68 ℓ.19）
⑬ 高校を**たいがく**［　　］する。（p.69 ℓ.11）
⑭ まだ**む**［　］し暑い。（p.71 ℓ.8）
⑮ 神社の**境内**〔　　〕。（p.62 ℓ.9）
⑯ 顔を**背**〔　　〕ける。（p.63 ℓ.16）
⑰ **曖昧**〔　　〕にうなずく。（p.64 ℓ.5）
⑱ **不明瞭**〔　　〕な声。（p.64 ℓ.6）
⑲ 明るい気分が**溶**〔　　〕ける。（p.65 ℓ.18）
⑳ 担任に**名簿**〔　　〕をもらう。（p.67 ℓ.1）
㉑ **肩幅**〔　　〕が狭い。（p.67 ℓ.12）
㉒ 紙で**幾重**〔　　〕にも包む。（p.68 ℓ.13）
㉓ **律儀**〔　　〕な感じ。（p.70 ℓ.6）
㉔ **中途半端**〔　　〕。（p.70 ℓ.13）
㉕ ぞうきんを**絞**〔　　〕る。（p.70 ℓ.16）
㉖ 雲が空一面を**覆**〔　　〕う。（p.71 ℓ.9）

語句　知識・技能

1 次の太字の語句の意味を調べなさい。

① あたしはちょっと、**ひるんだ**。（p.64 ℓ.17）
〔　　　　〕
② いっしょに帰る**道すがら**、話をする。（p.70 ℓ.1）
〔　　　　〕
③ **やるせない**気分のまま、腕をからめる。（p.71 ℓ.7）
〔　　　　〕

2 次の空欄にあとから適語を選んで入れなさい。

① 彼は〔　　〕電話を切ってしまった。（p.65 ℓ.6）
② 話しかけても、相槌を〔　　〕打たない。（p.68 ℓ.6）

（ろくに　じきに　すっかり）

3 次の語句を使って短文を作りなさい。

① そっけなく（p.61 ℓ.8）
〔　　　　〕
② 知らんぷり（p.70 ℓ.18）
〔　　　　〕

展開の把握

1 空欄に本文中の語句を入れて、出来事と「あたし」の心情の変化をまとめなさい。 ▼学習一

第一段落（初め〜p.62 ℓ.1）	第二段落（p.62 ℓ.2〜p.66 ℓ.8）	第三段落（p.66 ℓ.9〜p.69 ℓ.8）	第四段落（p.69 ℓ.9〜終わり）
勝呂友紀の紹介	足立伸吾と交際するが、ふられる	勝呂友紀と弁当を食べる	主人公の成長
勝呂友紀 ・「あたし」と同じ学年（高校一年生）。 ↓・〔ア　〕は知っていたが、ちゃんとしゃべったことがない。 ・一学期の中ごろ、〔イ　〕のコンテストで〔ウ　〕。 ・〔エ　〕以降一度も学校に来ていない。	勝呂友紀 金賞を取ってしばらくしたころから学校に来なくなった。 あたし ・足立伸吾に告白し、付き合う→忙しい ↓・あまりしゃべらない＝「恥ずかしがり」→心配しない。 ・クリスマス直前、「〔オ　〕が忙しいから」とふられる。 ・承知できずデートに誘う。 ↓がんばって約束を取り付ける＝足立伸吾は〔カ　〕返事。 ↓〔キ　〕を保とうと努力する。 ・デート当日、〔ク　〕の場所に足立伸吾は来なかった。 ↓〔ケ　〕て、座り込んでしまった。	あたし ・勝呂友紀にふられたことを告げる。 ↓ひきつった様子で笑うが、〔コ　〕笑いではない。 ・あまり考えず、いっしょに〔サ　〕を食べないかと言う。 勝呂友紀…ものすごく〔シ　〕「あたし」の作ったものを食べた。 ↓足立伸吾の態度が本当はちょっと〔ス　〕のだと気づく。	あたし　勝呂友紀と同じクラス（高校二年生） ・〔セ　〕して待っていたが、〔ソ　〕したと知る。 ・恋ではないが、〔タ　〕はできないものが体の中に残った。 ・勝呂友紀の不在に〔チ　〕気分を感じる。

2 次の空欄に本文中の語句を入れて、主人公と登場人物との関係をまとめなさい。 思考力・判断力・表現力

登場人物の人物設定

あたし＝〔ア　〕
高校一年生。主人公。

舞…友達。足立伸吾のことを〔イ　〕する相手。

足立伸吾…〔ウ　〕の先輩で、バスケ部元部長。夏休み前に〔エ　〕して二人で会うが、クリスマスの直前にふられることになる。

勝呂友紀…同級生。数学のコンテストで金賞を取っていじめられ、学校へ来なくなったらしいという彼を、〔オ　〕っぽいと思った。

主題

空欄に本文中の語句を入れ、主題を整理しなさい。 思考力・判断力・表現力

二年上の足立伸吾にふられた主人公は、同級生の勝呂友紀が〔ア　〕食べる様子を見ているうちに、自分が無理をして「〔イ　〕気分」を保ち、足立伸吾と交際しようとしていたことに気づく。主人公は勝呂友紀に好感を持つが、彼はアメリカの大学に進学してしまう。彼との〔ウ　〕はできないと思いつつも、いなくなって初めて、「〔エ　〕のできない」複雑な思いが自分の中に残るのを感じた。

内容の理解

思考力・判断力・表現力

第一段落（初め～p.62 ℓ.1）

1「本当はどうなのか、わからない」（六二・3）から、どのようなことが読み取れるか。次から選びなさい。

ア　勝呂友紀が、教室の中で目立ち、煙たがられているということ。
イ　「あたし」が、勝呂友紀の存在について無関心であること。
ウ　生徒や先生が、勝呂友紀に畏怖の念を抱き、遠ざけていること。

〔　　〕

2「そんなこと」（六三・5）とは、どんなことをさしているか。本文中の言葉を使って答えなさい。

〔　　〕

第二段落（p.62 ℓ.2～p.66 ℓ.8）

3「あたしは心配しなかった。」（六三・17）とあるが、なぜ心配しなかったのか。その理由を次から選びなさい。 ▶脚問2

ア　舞が多くの男子は恥ずかしがり屋であると教えてくれたから。
イ　足立伸吾がしゃべらないのは、ぼうっとしていただけだから。
ウ　「あたし」は、足立伸吾が受験勉強で忙しいことを理解していたから。

〔　　〕

4「あたしは曖昧にうなずいた。」（六四・5）とあるが、このときの「あたし」の気持ちに合わないものを次から選びなさい。

ア　クリスマスを家で過ごしているのは舞に誘いを断られたからだと母に知られたくない気持ち。
イ　受験が終わればまた足立伸吾が会ってくれるかもしれないという希望を捨てたくない気持ち。
ウ　彼ができたことを信じて温かい目で見守っている母に、ふられたことを言えない気まずい気持ち。

〔　　〕

第二段落（p.62 ℓ.2～p.66 ℓ.8）

5「会社みたい。」（六四・17）とあるが、どんな点をそう思ったのか。「……点。」に続く形で、二十五字以内で探し、初めと終わりの五字を抜き出しなさい。

〔　　　　　〕～〔　　　　　〕点。

6「声が、遠かった。」（六五・1）という表現には、どのような意味が込められているか。次から選びなさい。 ▶脚問4

ア　足立伸吾が「あたし」と関わりたがっていないこと。
イ　足立伸吾が電波状態のよくない場所にいること。
ウ　「あたし」の気持ちが足立伸吾から離れたこと。

〔　　〕

7「がんばって、電話を切ってからも、明るい気分でいつづけた。」（六五・7）とあるが、「あたし」の思いが具体的にわかる部分を二十字で抜き出しなさい。（記号は字数に含める）

8「急に力が抜けて、地面に座り込んでしまった」（六六・4）理由に合うものを、次からすべて選びなさい。 ▶学習二

ア　弁当を持って立ったまま何時間も待っていて、疲れたから。
イ　「明るい気分」を保ち続けることができなくなったから。
ウ　足立伸吾が「あたし」に何の思いも持っていないと実感したから。

〔　　〕

9「それとは関係ないよ」（六六・18）とは、何と何が関係ないということか。「……ことと、……こと。」の形で説明しなさい。 ▶脚問6

第三段落（p.66 ℓ.9〜p.69 ℓ.8）

10 **「ものすごくきちんと、あたしの作ったものを食べた。」**（六七・16）**とあるが、勝呂友紀の食べ方を具体的に述べた一続きの二文を探し、初めと終わりの五字を抜き出しなさい。（記号は字数に含める）**

〔　　　　　〕〜〔　　　　　〕

11 **「そのとき」**（六八・5）**とはいつのことか。次から選びなさい。**

ア　勝呂友紀が弁当をきれいに食べ、「骨とか種とか、あんまりきれいに食べると、みんないやがるから。」と言ったとき。

イ　正直に「ふられた。」と言った「あたし」に対して勝呂友紀が笑ったが、それがばかにした笑いではないとわかったとき。

ウ　相槌をろくに打たない足立伸吾とは違って、勝呂友紀が「加部千晶さん」と自分の名前を呼んでくれたとき。

〔　　〕

12 **「本当は、あたしは、いやだったのだ。」**（六八・9）**とあるが、それまで「あたし」は足立伸吾のいやな部分についてどうしていたのか。次から選びなさい。**

ア　気づいていなかった。　イ　考えないようにしていた。

ウ　電話で伝えていた。

〔　　〕

13 **「あのとき」**（七〇・4）**とはいつか。次から選びなさい。**　▼学習二

ア　受験勉強が忙しいから会えないと言われたとき。

イ　図書館を出て、振り返りもせずに行ってしまったとき。

ウ　校門での待ち合わせに連絡もなく来なかったとき。

〔　　〕

第四段落（p.69 ℓ.9〜終わり）

14 **「中途半端な気分」**（七〇・13）**とあるが、これは、「あたし」が勝呂友紀に対して持ったどんな思いとどんな思いの間の「中途半端」だと考えられるか。次から選びなさい。**

ア　「さすが、数学コンクールだ」と「なんだかまぬけっぽいな」との間。

イ　「あんまり笑うのが上手じゃない」と「ばかにした笑いではない」との間。

ウ　「恋愛すればよかったかも」と「あの子とは、恋愛、できない」との間。

〔　　〕

15 **本文中から読み取れる勝呂友紀の性格を表した語句を、第四段落**（六九・9〜終わり）**から二字で抜き出しなさい。**

〔　　〕

全体

16 新傾向 **この小説の表現が持つ効果について、クラスで意見を交換した。小説の内容と合致した意見を述べている生徒を選びなさい。**

生徒A：二人の男子生徒が漢字のフルネームで呼ばれていることから、主人公が二人に対して心理的に距離を感じていることを感じました。

生徒B：会話文にかぎかっこのあるものとないものがあることで、発言者が誰なのかをわかりにくくさせる効果があると感じました。

生徒C：「しゅうっと」「ぎゅっと」など、オノマトペにひらがながたくさん使われていて、文章がやわらかく、ゆったりとした印象になっていると感じました。

生徒〔　　〕

学習目標　短歌の鑑賞のしかたを理解する。

大切の言葉

教科書 p.74～p.77

検印

漢字　知識・技能

1 太字の仮名は漢字に直し、太字の漢字は読みを記しなさい。

p.74 ℓ.3 ① **はち**［　］植えの草花。

p.75 ℓ.10 ② **かいこ**［　］を飼う。

p.77 ℓ.3 ③ 三人**しょう**［　］の代名詞。

p.77 ℓ.6 ④ **ぼうし**［　］をかぶる。

p.75 ℓ.5 ⑤ 美しい**黒髪**〔　〕。

p.75 ℓ.6 ⑥ 将来の生き方を**説**〔　〕く。

p.76 ℓ.2 ⑦ 大きな目的を**遂**〔　〕げた。

p.76 ℓ.6 ⑧ **幾**〔　〕たびも旋回する。

p.77 ℓ.2 ⑨ 国宝展を**観覧**〔　〕する。

p.77 ℓ.8 ⑩ **粒**〔　〕がそろったみかん。

語句　知識・技能

1 次の言葉の意味を調べなさい。

p.75 ℓ.5 ① おごりの春〔　〕

p.75 ℓ.11 ② 屋梁〔　〕

p.76 ℓ.2 ③ まつぶさに〔　〕

p.76 ℓ.6 ④ さみしからずや〔　〕

2 次の言葉が表す内容を時間と音の両面から説明しなさい。

p.75 ℓ.9 しんしんと〔　〕

作者紹介

石川啄木

盛岡中学時代に、短歌を作り始めた。上京し与謝野鉄幹《よさのてっかん》の「明星《みょうじょう》」に短歌や詩を発表したが生活苦のため、故郷渋《しぶ》民《たみ》村の小学校代用教員となる。以後北海道に渡り、転々と職を変えた。一九〇八年（明治四一）上京、小説を書くが報われず、翌年新聞社の校正係となった。二十七歳で病死した。

主な歌集

一握の砂　一九一〇年（明治四三）刊。東京時代の作品を集めた歌集。最初一行で作ったものを、歌集に収めるとき三行に改めた。ロマン的な自我がよまれている。

与謝野晶子

堺《さかい》の商家に生まれ堺女学校卒業後、一九〇〇年（明治三三）与謝野鉄幹の東京新詩社社友となり、「明星」に短歌を発表した。近代浪漫主義の歌風から象徴味を帯びた平淡な歌風に移行していった。また『源氏物語』の現代語訳や、女性解放・教育問題など幅広い文化活動をした。

主な歌集

みだれ髪　一九〇一年（明治三四）刊。鳳晶子《ほうしょうこ》の名で三九九句収録。旧道徳を否定し、自我解放の歓びをよんだ。

斎藤茂吉

一高時代に正岡《まさおか》子規の『竹の里歌』に感動し、短歌を始めた。東大医科時代に伊藤左千夫に師事。「アララギ」創刊後は編集を担当した。「実相観入」の写生説を唱え、柿本人麻呂の研究でも業績を遺した。

主な歌集

赤光《しゃっこう》　一九一三年（大正二）刊。重厚な叙情歌として近代人の悲哀や寂寥がよまれている。「死にたまふ母」が代表。

宮　柊二

一九三二年（昭和七）上京、翌年北原白秋に師事。日中

要点の整理

思考力・判断力・表現力 ▼学習一

1 各歌の内容として適当なものを、それぞれあとから選びなさい。

・怒る時〔　〕　・不来方の〔　〕　・かの時に〔　〕
・その子二十〔　〕　・やは肌の〔　〕　・なにとなく〔　〕
・死に近き〔　〕　・母が目を〔　〕　・のど赤き〔　〕

ア　誇らかな青春の賛美　　イ　刻々と死の国に近づく母への悲しみ
ウ　官能的な恋の情熱　　エ　青春のロマンチックで感傷的な心
オ　無心の生と臨終の生との対照　　カ　自分自身へのいらだちと自嘲
キ　今も消え残る切ない恋心　　ク　こんこんと眠る生命体への悲しみ
ケ　恋のほのかさと自然の美しさ

2 各歌の内容として適当なものを、それぞれあとから選びなさい。

・おそらくは〔　〕　・一本の蠟〔　〕　・いろ黒き蟻〔　〕
・わがカヌー〔　〕　・きみが歌う〔　〕　・海を知らぬ〔　〕
・観覧車〔　〕　・春浅き〔　〕　・パソコンの〔　〕
・思い出の〔　〕　・「寒いね」と〔　〕　・四万十に〔　〕

ア　光あふれる壮大な自然の爽快感
イ　若い女性の青春の夢と恥じらい
ウ　夏の思い出への微妙な女性心理
エ　ささやかな言葉による心の触れ合い
オ　恋人と過ごす至福の一時への乙女心
カ　無名の一庶民の生き方への強い決心
キ　青春の自己喪失の苦さ
ク　純真な少女を未知の世界へ誘う少年
ケ　生と死の非情な光景　　コ　先端科学が生んだ神秘的な生
サ　愛と幸せにつつまれた新婚生活　　シ　戦後の貧しい家庭の中の夫婦

戦争で中国山西省《さんせいしょう》へ四年間出征。戦争体験を基盤に現実や人間を直視して人間存在の本質を把握しようとする意志をよんだ。戦後は「コスモス」を創刊し、有力歌人を育てた。

主な歌集
山西省　一九四九年（昭和二四）刊。中国山西省に出征した痛烈な戦争体験を基に戦場や兵士の心の陰影をよんだ。

寺山修司
一九五四年（昭和二九）青森高校三年の時、俳句誌「牧羊神《ぼくようしん》」を創刊。早大在学中、「短歌研究」新人賞で歌壇に登場し、塚本邦雄・岡井隆と前衛短歌を推進した。のち土俗性を追求した。「天井桟敷《てんじょうさじき》」設立後は演劇で活躍。

主な歌集
空には本　一九五八年（昭和三三）刊。私的生活詠を否定し、虚構を交えた多様な「われ」を導入した歌風を確立。

栗木京子
一九七五年（昭和五〇）、宮柊二の「コスモス」に入会。同年、角川短歌賞次席となる。のち「塔」に入会。繊細な感覚と批評性を合わせ持ち、女性らしいみずみずしい作風に特色がある。エッセイなどでも活躍している。

主な歌集
水惑星　一九八四年（昭和五九）刊。鋭い感覚とみずみずしい抒情によって青春の情感をうたった歌集。

俵万智
早大文学部在学中、佐佐木幸綱に出会い、「心の花」に参加。一九八七年（昭和六二）『サラダ記念日』で、会話体を自在に盛り込んだ平明な口語体を確立し、短歌ブームを興した。古典などのエッセイでも活躍している。

主な歌集
サラダ記念日　一九八七年（昭和六二）刊。会話を定型の中で駆使した平明な口語体で若い女性の恋愛心理をよむ。

内容の理解

知識・技能　思考力・判断力・表現力

石川啄木

1「怒る時……」の歌について、次の問いに答えなさい。

(1)「死なまし」の意味を十字以内で答えなさい。

〔　　　　　　　　　　〕

(2)この歌からうかがえる作者の様子を、次から選びなさい。

ア　社会に対する憤りに満ちた様子。
イ　自分の現状を打破できない様子。
ウ　病気で自暴自棄になっている様子。　〔　　〕

2「不来方の……」の歌の、「十五の心」とはどのような心か。

ア　純粋でロマンチックな心。
イ　むなしさに打ちひしがれた心。
ウ　自信に満ちた挑戦的な心。　〔　　〕

3「かの時に……」の歌の、「大切の言葉」とはどんな言葉か。

ア　愛の告白
イ　将来の約束
ウ　罪の自白　〔　　〕

与謝野晶子

4「その子二十……」の歌の、「櫛にながるる黒髪」が象徴しているものを、次から選びなさい。

ア　黒髪に生まれたことへの喜び。
イ　若く美しい青春の誇らしさ。
ウ　伝統的なつつましい女性像。　〔　　〕

5「やは肌の……」の歌の、「あつき血汐」は何をたとえているか。

ア　みずみずしい感性。　イ　激しい執念。
ウ　燃えるような情熱。　〔　　〕

6「なにとなく……」の歌の、「君」とは、作者にとってどのような人か。考えて答えなさい。

〔　　　　　　　　　　〕

斎藤茂吉

7「死に近き……」の歌の、「遠田のかはづ天に聞ゆる」とは、どんな情景か。次から選びなさい。

ア　かはづが天から地へ降りそそぐように鳴いている。
イ　かはづの声が地の底から響くように聞こえる。
ウ　天まで届くかのようなかはづの声が聞こえてくる。　〔　　〕

8「母が目を……」の歌に込められた心情を説明した次の文の空欄に入る言葉を、短歌の中から抜き出しなさい。

永遠の眠りにつこうとする母の姿と、〔　①　〕を重ね合わせて、生き物がこんこんと眠る姿を〔　②　〕と感じている。

①〔　　　　　〕
②〔　　　〕

9「のど赤き……」の歌について、「のど赤き玄鳥」と「死にたまふ」「母」の対照の効果を次から選びなさい。

ア　温かい雰囲気を作り出す効果。
イ　描写の正確さを出す効果。
ウ　作者の悲しみをより強く出す効果。　〔　　〕

宮柊二

10「おそらくは……」の歌に込められた心情を、次から選びなさい。

ア　無名の一兵士として、人生を全うしようとする決意。
イ　無名のまま死んだ他の兵士の分まで生きようとする覚悟。
ウ　一兵士として無名のまま人生を終えることの無念。　〔　　〕

宮柊二

11 「一本の……」の歌の、「暗き泉」という表現の説明として適当なものを次から選びなさい。
ア 貧しく見通しの立たない生活への不安をたとえている。
イ ろうそくの炎の揺らめきを、泉から湧く水にたとえている。
ウ 夫婦の仲が悪く、沈む気持ちをたとえている。 〔　〕

12 「いろ黒き……」の歌の主題を次から選びなさい。 ▼学習一
ア 生と死の非情さ。 イ 生きることのむなしさ。
ウ 生き物のたくましさ。 〔　〕

寺山修司

13 「わがカヌー……」の歌について、次の問いに答えなさい。
(1) 「わがカヌー」と「他人の夢」はそれぞれ何をたとえているか。「生き方」という言葉を使って答えなさい。
わがカヌー〔　〕
他人の夢〔　〕
(2) この歌の主題を、次から選びなさい。 ▼学習一
ア 自己嫌悪 イ 自己喪失 ウ 自己弁護 〔　〕

14 「きみが歌う……」の歌の、「きみ」と作者とはどのような状況にあると考えられるか。次から選びなさい。
ア 結婚後間もない幸せな状況。
イ 貧しい学生どうし同居している状況。
ウ 友人どうしで引っ越し作業をしている状況。 〔　〕

15 「海を知らぬ……」の歌で、「われ」が「両手をひろげて」いたのはなぜか。その理由にあてはまらないものを次から選びなさい。
ア 少女に海の広さを教えるため。
イ 少女を抱きとめるため。
ウ 少女と手をつなぐため。 〔　〕

栗木京子

16 「観覧車……」の歌で、「観覧車回れよ回れ」に込められた心情を、次から選びなさい。
ア 幸せな時間が続いてほしい。 イ スピード感を味わいたい。
ウ さまざまな景色が見たい。 〔　〕

17 「春浅き……」の歌の、「三人称にて未来を語る」に込められた心情を、次から選びなさい。
ア 自分の理想を押しつけず、客観的に未来を語る冷静さ。
イ 理想とする未来を、自分自身のこととして語る気恥ずかしさ。
ウ 自分のことを語るために三人称を用いてみせるユニークさ。 〔　〕

18 「パソコンの……」の歌の、「しろがねの水」とはどんな印象を与える水か。次から選びなさい。
ア 神秘的で清浄。 イ 無機質で硬質。
ウ 白濁して冷たい。 〔　〕

俵万智

19 「思い出の……」の歌は、どの季節の思い出をよんだものか。 〔　〕

20 「『寒いね』と……」の歌で、「寒いね」と答える人にあてはまらないものを、次から選びなさい。
ア 恋人や家族 イ 親友 ウ 見知らぬ人 〔　〕

21 「四万十に……」の歌に使われている表現技法は何か。
ア 倒置 イ 擬人法 ウ 対句 〔　〕

手毬唄

学習目標 俳句の鑑賞のしかたを理解する。

教科書p.78～p.81

検印

漢字　知識・技能

1 太字の仮名は漢字に直し、太字の漢字の読みを記しなさい。

p.78 ℓ.3 ①自分の意志を**つらぬ**［　　］く。
p.79 ℓ.5 ②獣を**りょうじゅう**［　　］で撃つ。
p.80 ℓ.3 ③自由を**うば**［　　］われた。
p.80 ℓ.8 ④名刺を**こうかん**［　　］する。
p.78 ℓ.6 ⑤うどんを**供**〔　　〕える。
p.79 ℓ.2 ⑥歯生え**初**〔　　〕むる。
p.79 ℓ.6 ⑦**硬**〔　　〕いガラス。
p.79 ℓ.8 ⑧**乳母車**〔　　〕を押す。
p.80 ℓ.2 ⑨**紅葉**〔　　〕が色づく。
p.80 ℓ.8 ⑩感情をもて**余**〔　　〕す。

語句　知識・技能

1 太字の語句の意味を調べなさい。

p.78 ℓ.2 ①**手毬唄**〔　　〕
p.79 ℓ.8 ②**怒濤**〔　　〕

2 次の言葉が表す情景（様子）を説明しなさい。

p.78 ℓ.5 ①しみじみ〔　　〕
p.79 ℓ.2 ②万緑〔　　〕

作者紹介

高浜虚子
伊予尋常中学の級友河東碧梧桐《かわひがしへきごとう》を通じて、郷土の先輩正岡子規《まさおかしき》を知り、俳句の世界に入った。俳句の革新運動が盛んになる中、「客観写生」「花鳥諷詠《かちょうふうえい》」を唱えた。
主な句集 五百句　「ホトトギス」五〇〇号を記念して、自ら選んだ虚子の代表的句集。明治・大正・昭和の作品を収める。

種田山頭火
山口県の大地主の長男に生まれる。少年期に母が自殺。早稲田大学文学部を中退、家業を手伝うが家は破産する。一九二五年（大正一四）出家し、その後諸国を遍歴する。
主な句集 草木塔《そうもくとう》　四十三歳から五十七歳までの七〇一句を収め、一九四〇年（昭和一五）に上梓《じょうし》した句集。作品は自由律形式。

中村草田男
中国の厦門《アモイ》で生まれる。「ホトトギス」同人となり、後「人間探求派」と呼ばれた。新興俳句には批判的で、子規の写生を受け継ぎ、それをさらに深めた。
主な句集 来し方行方　一九四七年（昭和二二）刊の第四句集。七一五句を収める。観念的でない思想の俳句。

山口誓子
京都に生まれたが、幼時樺太《からふと》に住む。高校時代から「ホトトギス」に投句していた。水原秋桜子《しゅうおうし》の「馬酔木《あしび》」に加盟、一九四八年（昭和二三）には「天狼《てんろう》」を主宰した。
主な句集 凍港《とうこう》　一九三二年（昭和七）刊の第一句集。序文は高浜虚子。樺太や都会感覚の素材による句などを収める。

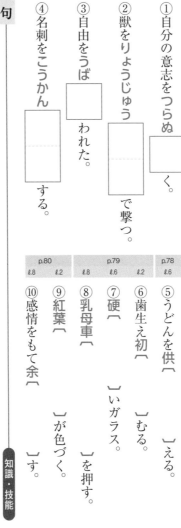

要点の整理

1 次の各句の内容として適当なものを、それぞれあとから選びなさい。 知識・技能

・手毬唄〔　　〕　・去年今年〔　　〕　・しみじみ食べる〔　　〕
・うどん供へて〔　　〕　・万緑の〔　　〕　・母の日や〔　　〕
・一湾を〔　　〕　・ピストルが〔　　〕

ア　旺盛な生命力
イ　澄んだ響き、それによる広がり
ウ　母への感謝と思慕
エ　一瞬の凝縮と緊張感
オ　母に対する素直な姿勢と敬愛
カ　哀感と可憐《かれん》な美しさ
キ　一貫して変わることのない時間の流れ
ク　わびしい行乞《ぎょうこつ》生活

2 次の各句の内容として適当なものを、それぞれあとから選びなさい。 思考力・判断力・表現力

・乳母車〔　　〕　・月一輪〔　　〕　・この樹登らば〔　　〕
・鞦韆は〔　　〕　・春の水とは〔　　〕　・冬深し〔　　〕
・交換日記〔　　〕　・金魚揃つて〔　　〕

ア　凄絶《せいぜつ》な美の世界
イ　懐かしい回想の世界に通じる幻聴
ウ　冷たく冴《さ》えた艶なる寂光世界
エ　胸の奥にある女の情念
オ　愛情の共有に向かう親密感
カ　自然物のみずみずしく柔らかな質感
キ　一種の不安感と危機感
ク　友情や愛情を深めた学友との別れ

3 次の各句の季語を〔　　〕に、季節を（　　）に記しなさい。 ▶学習一

・手毬唄〔　　〕（　　）　・去年今年〔　　〕（　　）
・万緑の〔　　〕（　　）　・母の日や〔　　〕（　　）
・一湾を〔　　〕（　　）　・ピストルが〔　　〕（　　）
・乳母車〔　　〕（　　）　・月一輪〔　　〕（　　）
・この樹登らば〔　　〕（　　）　・鞦韆は〔　　〕（　　）
・交換日記〔　　〕（　　）　・金魚揃つて〔　　〕（　　）

橋本多佳子
杉田久女《ひさじょ》より俳句の手ほどきを受けた。「ホトトギス」「馬酔木」「天狼」の同人を経て、「七曜《しちよう》」を主宰する。女性らしい情感を鋭敏な感覚で支えた清潔な叙情が特徴。

主な句集　紅糸《こうし》　一九五一年（昭和二六）刊行の第三句集。四一二句を収める。序文は山口誓子。

三橋鷹女
初め和歌を学んだが、俳句に転じた。「鹿火屋《かびや》」「鶏頭《けいとう》陣《じん》」などを経て、一九五三年（昭和二八）「薔薇《ばら》」の同人となる。前衛的な表現で、女性の激しい情念をよんだ。

主な句集　魚《うお》の鰭《ひれ》　二十九歳から四十一歳までの六一九句を収める。

長谷川櫂
二十代の俳句を収録した句集『古志』で俳壇にデビュー。季語と切れを重視して俳句の古典性の回復を目ざす作風で、戦後世代を代表する俳人として活躍。

主な句集　古志《こし》　一九八五年（昭和六〇）刊の第一句集。対象物の質感を清新な感性で把握し、的確に表現した。

黛まどか
三十代のはじめ、句集『B面の夏』で俳壇にデビュー。若い女性たちの日常感覚を軽妙によむ。女性会員だけの俳誌「月刊ヘップバーン」を創刊。文化人として幅広く活躍。

主な句集　B面の夏　一九九四年（平成六）刊の第一句集。恋や旅等に関する若い女性たちの心を軽妙に生き生きとよんだ。

内容の理解

知識・技能　思考力・判断力・表現力

高浜虚子

1 「手毬唄……」の句について、次の問いに答えなさい。

(1) ①作者が「かなし」いと感じているものと、②「うつくし」いと感じているものとを、それぞれ次から選びなさい。

ア　手毬唄を歌うときの気持ち。　イ　使われている手毬。

ウ　手毬唄の歌詞。　エ　手毬唄を歌う声。

①〔　　〕②〔　　〕

(2) この句に使われている表現技法を次から選びなさい。

ア　体言止め　イ　倒置　ウ　連用中止法

〔　　〕

2 「去年今年」という季語の意味を説明しなさい。

〔　　〕

種田山頭火

3 「しみじみ……」の句について、次の問いに答えなさい。

(1) 「①飯ばかりの②飯」とあるが、①・②の「飯」の意味を、それぞれ答えなさい。

①〔　　〕

②〔　　〕

(2) この句から読み取れる心情を、次から選びなさい。

ア　歓喜　イ　寂寥《せきりょう》　ウ　虚無

〔　　〕

4 「うどん供へて……」の句について、「うどん供へて」という表現から、「母」と作者についてどのようなことがわかるか。

ア　作者は、亡くなった母に心で語りかけている。

イ　母は、神仏に作者の健康を祈っている。

ウ　作者と母は、うどんを分け合うほど仲がよい。

〔　　〕

中村草田男

5 「万緑の……」の句について、次の問いに答えなさい。

(1) この句には、色彩の対比が見られる。対比されている二色を、それぞれ漢字一字で答えなさい。

□色と□色

(2) この句には、①漢語と②和語の対比が見られる。対比されている語を、それぞれ句の中から二字で抜き出しなさい。

①□□　②□□

6 「母の日や……」の句の、「大きな星」が象徴しているものを、次から選びなさい。

ア　母の日　イ　母　ウ　子供

〔　　〕

山口誓子

7 「一湾を……」の句について、次の問いに答えなさい。

(1) 「たあん」のような語を何というか。次から選びなさい。

ア　擬声語　イ　擬態語　ウ　幼児語

〔　　〕

(2) 「たあんと開く」とはどのような意味か。次から選びなさい。

ア　猟銃の音で、近くの森が開かれたということ。

イ　猟銃の音で、湾内の港が一斉に開かれたということ。

ウ　猟銃の音で、一瞬湾内が開かれ、広がったように感じられたということ。

〔　　〕

8 「ピストルが……」の句の、「ピストル」は何の合図か。説明しなさい。

〔　　〕

橋本多佳子

9 「乳母車……」の句が表現しようとしていることがらにあてはまらないものを次から選びなさい。

ア 不安感　イ 生命感　ウ 危機感

10 「月一輪……」の句で、「月一輪」とはどのような形の月か。次から選びなさい。

ア 三日月　イ 半月　ウ 満月

三橋鷹女

11 「この樹登らば……」の句について、次の問いに答えなさい。

(1)「鬼女となるべし」の意味を答えなさい。

(2)「鬼女となるべし」という幻想は、何がきっかけになって生まれたのか。次から選びなさい。

ア 秋の夕日を浴びて、この世のものとも思われないほど美しく照り輝いている夕紅葉。

イ 秋の夕日を浴びて、この世のものとも思われないほど美しく見える女性。

ウ 秋の夕日を浴びて、この世のものとも思われないほど高くそびえ立つ紅葉の樹。

12 「鞦韆は……」の句について、次の問いに答えなさい。

(1)「鞦韆は漕ぐべし」と「愛は奪ふべし」との関係は、何という表現技法か。次から選びなさい。

ア 対句　イ 倒置　ウ 比喩

(2) (1)の表現が句にもたらしている効果を、次から選びなさい。

ア 重量感　イ 律動感　ウ 爽快感

長谷川櫂

13 「春の水とは……」の句について、次の問いに答えなさい。

(1)「濡れてゐるみづ」の印象として適当なものを次から選びなさい。

ア 澄んでしみ通る感じ。

イ べとべと粘りつく感じ。

ウ やわらかく潤いのある感じ。

(2)この句に用いられている表現技法を次から選びなさい。

ア 擬人法　イ 句またがり　ウ 対句

14 「冬深し……」の句で、「濤の音」が思い起こさせるものを、次から選びなさい。

ア 厳冬の荒海の激しい濤音。

イ 少年時代の孤独な生活。

ウ 暮らしの中の懐かしい思い出。

黛まどか

15 「交換日記……」の句で、「少し余して」という表現から読み取れる心情を、次から選びなさい。

ア 交換日記を長い間続けてきたことへの達成感。

イ 交換日記をした学校生活が終わってしまう寂しさ。

ウ 交換日記がこれからもずっと続いていく喜び。

16 「金魚掬つて……」の句で、金魚掬いの意図を次から選びなさい。

ア 親密感を深めるため。

イ 愛情の有無を確かめるため。

ウ 口げんかの仲直りをするため。

学習目標　主人公の置かれた状況から生じる心理や行動を読み取る。

よだかの星（宮沢賢治）

教科書p.84～p.94

検印

漢字　知識・技能

1 太字の仮名は漢字に直し、太字の漢字の読みを記しなさい。

①耳まで**さ**□けています。（p.84 ℓ.3）

②**ぐあい**□が悪くなる。（p.84 ℓ.5）

③からだを**ちぢ**□める。（p.85 ℓ.3）

④葉の**かげ**□に隠れる。（p.85 ℓ.4）

⑤**するど**□いくちばしもない。（p.85 ℓ.7）

⑥おまえも**はじ**□知らずだな。（p.85 ℓ.15）

⑦**ふだ**□をぶら下げる。（p.86 ℓ.9）

⑧家を**いっけん**□ずつ回る。（p.86 ℓ.14）

⑨虫を食べないで**う**□える。（p.88 ℓ.11）

⑩夜明けの**きり**□を吸う。（p.89 ℓ.12）

⑪**つゆ**□が葉からしたたる。（p.90 ℓ.12）

⑫それ**そうおう**□な身分。（p.92 ℓ.6）

⑬たばこの吸い**がら**□。（p.92 ℓ.16）

⑭**となり**□の席に座る。（p.93 ℓ.11）

⑮**生半可**〔　〕な考え。（p.85 ℓ.2）

⑯よだかを**怖**〔　〕がる。（p.85 ℓ.8）

⑰早く名前を**改**〔　〕めろ。（p.85 ℓ.13）

⑱**曇**〔　〕って薄暗い日。（p.85 ℓ.17）

⑲改名の**披露**〔　〕をする。（p.86 ℓ.8）

⑳山焼けの火が赤く**映**〔　〕る。（p.88 ℓ.3）

㉑羊歯の葉が**揺**〔　〕れる。（p.89 ℓ.12）

㉒お日さまが東から**昇**〔　〕る。（p.89 ℓ.15）

㉓わしが熊を**襲**〔　〕う。（p.92 ℓ.10）

㉔毛を**逆立**〔　〕てる。（p.92 ℓ.11）

㉕息が白く**凍**〔　〕る。（p.92 ℓ.17）

㉖寒さや**霜**〔　〕が刺す。（p.93 ℓ.3）

語句　知識・技能

1 次の太字の語句の意味を調べなさい。

①**生半可**の小さい鳥。（p.85 ℓ.2）〔　〕

②**せわしく**またたきながら言いました。（p.91 ℓ.8）〔　〕

③**いぶかしそうに**星空を見上げました。（p.92 ℓ.13）〔　〕

2 空欄にあとから適語を選んで入れなさい。

①鳥が〔　〕口を大きく開いて、飛んだ。（p.87 ℓ.13）

②オリオンはよだかなどは〔　〕相手にしない。（p.91 ℓ.2）

（てんで　よほど　にわかに）

3 次の語句を使って短文を作りなさい。

①そっぽ（p.84 ℓ.9）〔　〕

②いたずらに（p.89 ℓ.5）〔　〕

展開の把握

1 空欄に本文中の語句を入れて、よだかの置かれた状況と、よだかの行動を整理しなさい。 ▼学習一

第一段落 （初め〜p.85 ℓ.13）	第二段落 （p.85 ℓ.14〜p.87 ℓ.2）	第三段落 （p.87 ℓ.3〜p.89 ℓ.11）	第四段落 （p.89 ℓ.12〜終わり）
嫌われ者のよだか	鷹に責められるよだか	空の向こうへ行こうとするよだか	星になったよだか
よだか 〔ア　〕姿→鋭い爪や〔イ　〕を持っていなかった。 小さな鳥 真っ向から〔ウ　〕を言う。 〔エ　〕 よだかの名前に「たか」がついていることをいやがっていて、〔オ　〕と言っていた。	ある夕方 〔カ　〕 よだかのうちへやってきて、〔キ　〕と名前を変えて、首に札をぶら下げて鳥のうちを一軒ずつ回り、〔ク　〕の披露をしろと言った。 よだか 〔ケ　〕だと訴えるが、鷹は巣へ帰ってしまった。	よだか ・今までなにも〔コ　〕をしていないのに、みんなにいやがられる。 →・かぶとむしや〔サ　〕を食べて殺している。 ←・もう遠くの遠くの〔シ　〕に行ってしまおうと決意する。 ・弟の〔ス　〕に別れを告げる …「いたずらに〔セ　〕を取ったりしないようにしてくれ。」	よだか 〈空を飛びめぐる〉お日さまや〔ソ　〕たちに、〔タ　〕ってくれるように頼む。「〔チ　〕死んでもかまわないから」 〈地に落ちていく〉すべて断られて力を落とし、羽を閉じる。 〈もう一尺で地面につくというとき〔ツ　〕のように飛び上がる〉 ◎〔テ　〕な心持ちで最後を迎えた自分が〔ト　〕光になって、静かに燃えているのを見た。

思考力・判断力・表現力

2 次の空欄に第一段落中の語句を入れて、主人公のよだかがどのように描かれているかまとめなさい。 ▼学習三

みにくさ…ほかの鳥がいやがる点
・味噌をつけたように〔ア　〕な顔。
・〔イ　〕裂けた平たいくちばし。
・弟たちは〔ウ　〕のように美しい鳥。

弱さ…鷹とは似ていない点
・〔エ　〕爪もくちばしもない。
・一間と歩けない〔オ　〕の足。

強さ・鋭さ…鷹と似ている点
・むやみに強い〔カ　〕。
・鋭い〔キ　〕。

主題

思考力・判断力・表現力

空欄に本文中の語句を入れて、全体の主題を整理しなさい。

よだかは外見や〔ア　〕によって理不尽に嫌われ、鷹に殺されそうになっていることを〔イ　〕と思っていた。しかし、毎晩たくさんの虫が自分に〔ウ　〕ことに気づき、そのような生き方全部がつらくなり、遠くの空の向こうへ行ってしまおうと決意する。その願いは空の星々に受け入れられず力を落とすが、最後に鷹のような強さで空を目ざし、〔エ　〕な心持ちで最後を迎え、ついに青い美しい光になって静かに燃える〔オ　〕となった。

内容の理解

思考力・判断力・表現力

第一段落（初め〜p.85 ℓ.13）

1 よだかに対して「ほかの鳥」（八四・5）はどのような態度をとっていたか。次から二つ選びなさい。

ア　同情　イ　軽蔑　ウ　嫉妬　エ　嫌悪　オ　失望

2 「これを非常に気にかけて、いやがっていました」（八五・12）について、「これ」とは何をさすか。本文中から抜き出しなさい。

第一・二段落（初め〜p.87 ℓ.2）

3 (1)「おまえと俺では、よっぽど人格が違うんだよ。」（八五・16）と言いながら、鷹が問題にしているのは、どのような点か。次から選びなさい。　脚問1

ア　名前を神さまからもらったか、借りているかという違い。

イ　いったいどちらが速く飛ぶことができるかという能力。

ウ　活動の時間帯と、爪やくちばしといった外形的な特徴。

(2) 新傾向　(1)をふまえて、鷹が「気にかけて、いやがって」（八五・12）いた理由を、「同類」という言葉を使って、二十字以内で説明しなさい。

第二段落

4 「私の名前は私が勝手につけたのではありません。神さまからくださったのです」（八六・2）で、作者はどのようなことを言いたいのか。次から選びなさい。

第二段落（p.85 ℓ.14〜p.87 ℓ.2）

ア　名前というものは自分ではどうすることもできないものだということ。

イ　「夜」という言葉がついているのだから、「鷹」とは区別されるということ。

ウ　名前を変えてしまえば、よだかはいつまでもみにくいままだということ。

5 「（いったい僕は、……つらい話だなあ。）」（八七・4〜9）の記述から、よだかが自分のことをどのように考えていることがわかるか。次から選びなさい。　脚問2

ア　周囲の目を気にして、嫌いなめじろの赤ん坊でも助けてしまう偽善者。

イ　市蔵という札を首にかけることで、鷹に許してもらおうとする道化者。

ウ　何も悪いことをしていないのに、理不尽なことで皆から嫌われる被害者。

第三段落（p.87 ℓ.3〜p.89 ℓ.11）

6 「雲が意地悪く光って」（八七・10）は、どのような様子を表しているか。次から選びなさい。　脚問3

ア　天候が悪く、雷雨であるさま。

イ　よだかが高く飛べないほど、雲がかかっているさま。

ウ　太陽が出て、雲が晴れるさま。

7 「よだかは大声を上げて泣き出しました。」（八八・7）とあるが、よだかは何に気づいて泣き出したのか。それがわかる一文を本文中から抜き出し、初めの五字を答えなさい。

第三段落（p.87 ℓ.3〜p.89 ℓ.11）

8 「ああ、つらい、つらい。」（八八・10）とあるが、よだかは何がつらいのか。次から選びなさい。

ア 他者の生命を奪うことでなりたっている生物の生のあり方。 ▼脚問2

イ 鳥たちにいじめられるだけでなく、鷹に殺される自分の弱さ。

ウ 兄弟たちと違って、美しく生まれてこなかった自分の運命。

〔　　〕

9 よだかは、かわせみに「遠い所へ行く」（八九・1）と言っているが、①これはどういう意味か。②かわせみは、どういう意味で受けとめているか。それぞれ次から選びなさい。

ア 鷹のために鳥の世界から追放されるということ。

イ この世界から脱出して、死を選ぶということ。

ウ 言葉どおり、別の場所に移動するということ。

①〔　　〕②〔　　〕

10 新傾向 「どうしても取らなければならないとき」（八九・5）とは、どのようなときか。「命」という言葉を使って、二十字以内で答えなさい。

第四段落

11 「私のようなみにくいからだでも焼けるときには小さな光を出すでしょう。」（九〇・1）という言葉に込められたよだかの気持ちを、次から選びなさい。

ア 自分の内面の美しさをみんなに認めさせたい。

イ 少しでも他のものたちの役に立ちたい。

ウ みにくい姿を少しでも早く消し去りたい。

〔　　〕

第四段落（p.89 ℓ.12〜終わり）

12 よだかが、お日さまや星に願ったことを次のようにまとめた。空欄に入る言葉を本文中から抜き出しなさい。

私をあなたの所へ〔　　　　　　〕ほしい。〔　　　　　　〕かまわないので、

13 「のろしのように」（九三・9）という比喩は、よだかのどのような行動をたとえているか。説明しなさい。

〔　　〕

14 よだかが「少し笑って」（九三・7）いたのはなぜか。次から選びなさい。 ▼脚問7

ア わしや鷹のように力強く叫びながら飛ぶことができたから。

イ 願いのために全力を尽くし、つらさから解放されたから。

ウ 美しい星になりたいという願いがかなったから。

〔　　〕

15 「今でもまだ燃えています。」（九三・13）という表現に込められた意味を次から選びなさい。

ア 生きることの苦悩から解放されたいというよだかの願いや祈りは、生き物が存在する限り永遠に存在すること。

イ 生きるためにほかの生き物を犠牲にしてきたことを、よだかが永遠に後悔し、苦悩し続けていること。

ウ 自分ではどうすることもできない理由で迫害され、死ぬまで追い詰められたよだかの怒りは永遠に鎮まらないこと。

〔　　〕

学習目標 物語の語り手が置かれている状況や体験談の内容を理解する。

鏡（村上春樹）

教科書p.95～p.104

検印

漢字

知識・技能

1 太字の仮名は漢字に直し、太字の漢字は読みを記しなさい。

p.95 ℓ.1	①**たいけん**［　　］談を聞く。
p.95 ℓ.11	②個人的な**けいこう**［　　］。
p.97 ℓ.2	③体制を**だは**［　　］する。
p.97 ℓ.3	④進学を**きょひ**［　　］する。
p.98 ℓ.1	⑤**けっこう**［　　］時間がかかる。
p.98 ℓ.9	⑥寝込みを**おそ**［　］う。
p.98 ℓ.11	⑦**かいちゅう**［　　］電灯を持つ。
p.98 ℓ.13	⑧日本刀の**しんけん**［　　］。
p.99 ℓ.1	⑨戸が**こわ**［　］れる。
p.100 ℓ.9	⑩長い**ろうか**［　　］を歩く。
p.101 ℓ.1	⑪木刀を**にぎ**［　］る。
p.101 ℓ.5	⑫鏡に姿が**うつ**［　］る。
p.101 ℓ.11	⑬**きみょう**［　　］なことに気づく。
p.103 ℓ.1	⑭太陽の**あたた**［　］かい光。
p.95 ℓ.8	⑮**幽霊**〔　　〕の話。
p.95 ℓ.13	⑯**予知**〔　　〕や虫の知らせ。
p.96 ℓ.9	⑰**散文**〔　　〕的な人生だ。
p.96 ℓ.16	⑱**拍手**〔　　〕をする。
p.97 ℓ.2	⑲**紛争**〔　　〕の話。
p.97 ℓ.5	⑳**若気**〔　　〕のいたり。
p.97 ℓ.8	㉑中学校の**夜警**〔　　〕をする。
p.98 ℓ.2	㉒**裁縫**〔　　〕室を見回る。
p.98 ℓ.13	㉓相手は**素人**〔　　〕だ。
p.99 ℓ.11	㉔見回りの**仕度**〔　　〕をする。
p.102 ℓ.5	㉕指先が**顎**〔　　〕に触れる。
p.103 ℓ.1	㉖太陽が**昇**〔　　〕る。

語句

知識・技能

1 次の太字の語句の意味を調べなさい。

p.95 ℓ.6 ①**虫の知らせ**を感じる。
〔　　　　〕

p.96 ℓ.5 ②僕を**かつぐ**ようなタイプではない。
〔　　　　〕

ℓ.9 ③実に**散文的**な人生だよな。
〔　　　　〕

p.97 ℓ.5 ④**若気のいたり**である。
〔　　　　〕

2 次の空欄にあとから適語を選んで入れなさい。

p.97 ℓ.3 ①時代の〔　　〕に呑《の》みこまれた。

p.98 ℓ.8 ②見回りの〔　　〕は抜かなかった。

ℓ.12 ③〔　　〕には自信がある。

p.99 ℓ.14 ④〔　　〕を決して行くことにする。

（波　腕　手　意）

3 次の語句を使って短文を作りなさい。

p.102 ℓ.2 ①呆然《ぼうぜん》として

〔　　　　〕

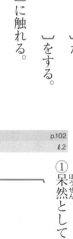

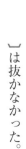

展開の把握

1 次の空欄に本文中の語句を入れ、内容を整理しなさい。 ▼学習一

第一段落（初め～p.97 ℓ.1）	第二段落（p.97 ℓ.2～p.98 ℓ.4）	第三段落（p.98 ℓ.5～p.102 ℓ.15）	第四段落（p.102 ℓ.16～終わり）
心の底から怖いと思った経験を話すまで	「僕」の夜警の仕事	あの夜味わった恐怖	鏡が一枚もない生活へ
「僕」の自宅で〔ア〕を話す。 →ふたつに〔イ〕できる。 ・生の世界と〔ウ〕の世界がクロスする話 ・三次元的な常識を超えた現象や能力が存在する話 →「僕」はどちらの経験もない。 僕 ただ一度だけ心の底から〔エ〕と思った体験を話す。	僕 大学に進まず、肉体労働をしつつ〔オ〕をさまよっていた。 放浪二年めに新潟の中学校の夜警をした。 午後九時と午前三時に一人で校舎の〔カ〕をした。→怖くない。	十月初めの夜、九時の見回りの時には何も起こらず、三時の見回り時は……。 僕 〔キ〕がして見回りをしたくなかった。→意を決して行く。 僕 〔ク〕はなく、用務員室に戻ろうとする。 僕 玄関の〔ケ〕の中に何かの姿が見えたような気がした。 →鏡に映る自分の姿だった。 ほっとして煙草《たばこ》を吸う。→鏡の中の像は僕ではなく、〔コ〕を心底憎んでいる者であることに気づく。 僕 動けなくなり、鏡の中の像に〔サ〕されそうになる。 →木刀を鏡に投げつけて走って逃げた。	翌日、玄関に煙草の吸殻《すいがら》と木刀は落ちていたが、〔シ〕はなかった。 僕が見たもの＝ただの〔ス〕だった。 ★あの夜の〔セ〕はいまだに忘れることができない。 ★人間にとって、〔ソ〕以上に怖いものはない。 →今でも家には鏡が一枚もない。

2 次の空欄に本文中の語句を入れて、場面設定をまとめなさい。 ▼学習一 思考力・判断力・表現力

場面設定

第一・四場面＝参加者が怖い〔ア〕を話す場面。

いつ …主人公（「僕」）の体験（回想）から〔イ〕以上たったある夜。

どこ …主人公の家→〔ウ〕が一枚もない。

第二・三場面（回想）＝主人公が仕事中に〔エ〕体験をした場面。

いつ …高校を卒業してから〔オ〕めの秋。

どこ …〔カ〕の仕事をしている中学校。

主題

●次の空欄に本文中の語句を入れて、全体の主題を整理しなさい。 思考力・判断力・表現力

放浪二年めの僕は、中学校の〔ア〕をした。ある夜、見回りの時間に目覚めると変な気がした。それでも無理に見回りに行くと、〔イ〕の中で何かが見えた気がした。それは〔ウ〕に映る僕の姿だったが、鏡の中の像は僕以外の僕で、〔エ〕を心底憎んでいることに気づいた。さらに像が僕を〔オ〕しようとしたので、走って逃げた。翌日玄関に行ってみると、鏡はなかった。人間にとって、自分自身が最も〔カ〕と思い知らされた話である。

内容の理解

思考力・判断力・表現力

1「さっきからずっとみんなの体験談を聞いてるとね、」（九五・1）とあるが、この文章の始まり方がもたらす効果を、次から選びなさい。

ア 「さっきから」とはいつからなのか、「体験談」とは何の体験なのかと読者を混乱させ、不安を抱かせる効果。
イ 状況説明を、地の文ではなく語り手の親しげな言葉を用いて行うことで、読者を冒頭から挑発する効果。
ウ 読者もその場にいて語り手の話を直接聞いているような気持ちにさせ、読者を一気に物語に引き込む効果。

〔　　〕

2「三次元的な常識」（九五・5）とはどういうことか。次から選びなさい。

ア 幽霊や死の世界についての知識。
イ 誰もが持っている日常的な知識。
ウ 超能力と言われるような特殊な知識。

〔　　〕

3「みんなの体験談」（九五・1）は「大きくわけるとそのふたつに分類できる」（九五・6）について、説明した次の文の空欄にあてはまる語句を、本文中から抜き出しなさい。

ひとつは〔　①　〕のように、〔　②　〕の世界と死の世界が何かの力によって〔　③　〕するタイプの話で、もうひとつは〔　④　〕とか虫の知らせのように、三次元的な〔　⑤　〕を超えた現象や〔　⑥　〕が存在するタイプの話。

①　②　③　④　⑤　⑥

4「散文的な人生」（九六・9）とはどういう人生か。次から選びなさい。 ▼脚問2

ア 平凡でありふれた人生。
イ 変化のある劇的な人生。
ウ 栄華を極めた自慢できる人生。

〔　　〕

5「日本中をさまよってたんだ。」（九七・4）とあるが、当時の生活について、「僕」は現在どう思っているか。次から選びなさい。

ア 若さのせいで時代の波に呑まれたことを後悔している。
イ 肉体労働をしながらさまよっていたことは間違いだった。
ウ 再び同じことをしてみたいくらい放浪生活は楽しかった。

〔　　〕

6「中学校の夜警をやった。」（九七・8）とあるが、「僕」は「夜警」の仕事をどのように捉えているか。次の文の空欄にあてはまる語句を本文中から抜き出しなさい。

のんびりしたかった自分にとって、〔　①　〕は用務員室で寝かせてもらえ、音楽室でレコードを聴いたり、図書館で本を読んだりできて、夜中は〔　②　〕きりでいられて〔　③　〕な仕事。

①　②　③

7「いや、ちっとも怖くなんてないさ。」（九七・13）とあるが、それはなぜか。「怖いもの知らず」（九七・14）の年頃であったこと以外の理由を述べた二十五字以内の一文を本文中から抜き出し、初めの五字で答えなさい。

第三段落（p.98 ℓ.5〜p.102 ℓ.15）

8 **「そこまで手は抜かなかったよ。」**（九八・8）**とあるが、それはなぜか。本文中の語句を用いて、二十字以内で二つ答えなさい。**

9 **「すごく変な気がした。」**（九九・8）**について説明している、二十字以上三十字以内の一文を本文中から抜き出し、初めの五字で答えなさい。**

10 **「無理に起きあがって、見回りの仕度をした。」**（九九・11）**とあるが、それはなぜか。次から選びなさい。**

ア　九時に見回った時には何も起こらなかったので、今回も不安を感じなかったから。
イ　一度見回りをやめてしまうと、この先もさぼり癖がつくと思ったから。
ウ　風が強まり、どうしてもプールの仕切り戸をなおさなければいけないと思ったから。

〔　　〕

11 **「いつもより急ぎ足で廊下を歩いた。」**（一〇〇・14）**とあるが、それはなぜか。次から選びなさい。** ▼脚問5

ア　いつもより仕事への意欲が強かったから。
イ　仕事の遅れを取り戻したかったから。
ウ　不安な状況から早く逃れたかったから。

〔　　〕

第三段落（p.98 ℓ.5〜p.102 ℓ.15）

12 **「僕はほっとすると同時に馬鹿馬鹿しくなった。」**（一〇一・6）**とあるが、それはなぜか。本文中の語句を用いて二十字以内で答えなさい。** ▼学習三

13 **「急に奇妙なことに気づいた。」**（一〇一・11）**とあるが、「僕」が気づいた内容として適切ではないものを、次から選びなさい。**

ア　鏡の中の僕は、あるべき姿ではない僕であること。
イ　鏡の中の僕は、心の底から僕を憎んでいること。
ウ　体が金しばりになり、鏡の中の僕の動きに対応できないこと。

〔　　〕

14 **「うん、うん、いや、うん、いや、いや、いや……」**（一〇二・14）**という仕切り戸の音は、何を象徴的に表したものか。次から選びなさい。** ▼学習三

ア　「そうあるべきではない形での僕」と僕自身との間に流れる不協和音。
イ　台風が通過する蒸し暑い夜に吹くリズミカルな風の音。
ウ　たった一人で放浪していた僕の孤独で不安な心境。

〔　　〕

第四段落（p.102 ℓ.16〜終わり）

15 **「この家に鏡が一枚もない」**（一〇三・9）**という表現は、どういうことを言おうとしたものか。次から選びなさい。**

ア　「僕」にとっての恐怖は、ずっと続いているということ。
イ　「僕」の恐怖は、遠い昔の話として忘れていたということ。
ウ　「僕」は鏡がなくても髭剃りに困らないくらい器用だということ。

〔　　〕

学習目標　各段落で描かれている内容を捉え、筆者の決意や信念を読み取る。

わたしはマララ（マララ・ユスフザイ）

教科書p.105〜p.116

検印

漢字　知識・技能

1 太字の仮名は漢字に直し、太字の漢字の読みを記しなさい。

p.105 ℓ.12 ①水道の**じゃぐち**□をひねる。

p.106 ℓ.4 ②**まどべ**□に立って外を見る。

p.106 ℓ.10 ③**じょうだん**□を言い合う。

p.107 ℓ.2 ④**かんばん**□を立てる。

p.108 ℓ.1 ⑤血液の**じゅんかん**□。

p.108 ℓ.4 ⑥大都市の**さわ**□がしさ。

p.109 ℓ.5 ⑦一番の**せいせき**□を取る。

p.110 ℓ.5 ⑧**ひはん**□するようなことを言う。

p.110 ℓ.6 ⑨**れいはい**□に行く。

p.110 ℓ.13 ⑩靴を片方**ぬ**□ぐ。

p.111 ℓ.2 ⑪神様に**たず**□ねる。

p.112 ℓ.2 ⑫友達に**はさ**□まれて座る。

p.112 ℓ.7 ⑬車の側面にシートを**は**□る。

p.114 ℓ.9 ⑭銃弾が**かんつう**□する。

p.105 ℓ.8 ⑮故郷が**懐**〔　　〕かしい。

p.105 ℓ.11 ⑯自然豊かな**渓谷**〔　　〕。

p.106 ℓ.6 ⑰**舗装**〔　　〕された道路。

p.106 ℓ.16 ⑱**狭**〔　　〕い道。

p.107 ℓ.7 ⑲階段を**駆**〔　　〕け上がる。

p.108 ℓ.13 ⑳キルトの**上掛**〔　　〕け。

p.109 ℓ.4 ㉑**表彰**〔　　〕される。

p.110 ℓ.2 ㉒**脅迫**〔　　〕される。

p.110 ℓ.9 ㉓テロリストに**襲**〔　　〕われる。

p.112 ℓ.12 ㉔軍隊の**検問**〔　　〕所。

p.112 ℓ.18 ㉕雑草に**覆**〔　　〕われた墓。

p.114 ℓ.2 ㉖みんな**黙**〔　　〕っていた。

語句　知識・技能

1 次の太字の語句の意味を調べなさい。

p.106 ℓ.2 ①何もかもが**モダン**だ。〔　　〕

p.106 ℓ.16 ②狭くて**ぬかるんだ**道。〔　　〕

2 次の空欄にあとから適語を選んで記入しなさい。

p.108 ℓ.7 ①朝の会が始まった。〔　　〕、いつもより少し遅い。

p.111 ℓ.8 ②女の子がなれるとしたら教師か医者くらいしかない。〔　　〕、女性が職業につくこと自体、珍しいのだ。

（そもそも　ただし）

3 次の語句を使って短文を作りなさい。

p.107 ℓ.18 ①せいては事をし損じる〔　　〕

p.114 ℓ.6 ②続けざまに〔　　〕

展開の把握

学習一

1 空欄に本文中の語句を入れて、内容を整理しなさい。

第一段落（初め〜p.106 ℓ.12）	第二段落（p.106 ℓ.13〜p.109 ℓ.18）	第三段落（p.110 ℓ.1〜p.111 ℓ.13）	第四段落（p.111 ℓ.14〜終わり）
外国で生活している現在の思い	回想（事件当日の朝・祖国での日常）	タリバンに狙われていることへの思い	回想（事件当時）
わたし（マララ）〈一年前〉〔ア　　〕の銃弾を頭に受け、パキスタンから〔イ　　〕に運ばれた。 ・いつかきっと愛する祖国に〔ウ　　〕が来ると信じている。 ・目を閉じて祖国の自然や人々の姿が目に浮かぶと、ほっと〔エ　　〕気持ちになる。	学校…リキシャで登校 学校のドアは、女の子にとって〔オ　　〕。 〈理由〉学校の外には、「〔カ　　〕は学校へ〔キ　　〕」と考える人々の社会があるから。 わたしの部屋…活動で表彰されたときの賞金で買った戸棚があり、〔ク　　〕の成績を取ったときにもらった金色のカップやトロフィーが並んでいる。	わたし　新聞やメモでしょっちゅう〔ケ　　〕される。 ・母が〔コ　　〕ため、歩いて通うのをやめ、バスで通学。 ・タリバンが女の子一人を殺しに来たことはない→自分より父が心配。 ・〔サ　　〕はないけれど、表の門の鍵を確かめたり、神様に神様が〔シ　　〕どうなるかを尋ねたりするようになった。	わたし　二〇一二年十月十九日、学校から帰るバスに乗り込む。 ・軍隊の〔ス　　〕から二〇〇メートルのところでバスが〔セ　　〕し、顔にハンカチを巻いた〔ソ　　〕のような男が乗り込んでくる。 ・男は三発撃ち、一発はわたしに、残りの二発はそばにいた〔タ　　〕に当たった。 これがわたしの物語だ。

2 次の空欄に、教科書の脚注や筆者紹介の語句を入れて、本文を理解するために必要な事柄をまとめなさい。　思考力・判断力・表現力

マララ・ユスフザイ（一九九七〜）
- ・パキスタン生まれの人権活動家。
- ・二〇一二年当時、十五歳（〔ア　　〕）。
- ・二〇一四年ノーベル〔イ　　〕受賞。

タリバン
- ・イスラーム〔ウ　　〕を掲げるスンニ派の過激組織。
- ・女性の〔エ　　〕や、女子教育を禁止している。

主題

次の空欄に本文中の語句を入れて、全体の主題を整理しなさい。　思考力・判断力・表現力

女性の人権や女子教育を訴えて活動していたマララは、祖国〔ア　　〕で〔イ　　〕の銃撃を受け、現在はイギリスで暮らしている。〔ウ　　〕の支配下にあっても、マララや他の女の子たちは、マララの〔エ　　〕が設立した学校で学び、将来の夢を持ち、冗談を言い合って暮らしている。マララは〔オ　　〕の銃撃を恐れず、襲われても自分は〔カ　　〕と同じことをするのではなく、言葉で女の子の人権を訴えようと考えている。

内容の理解

思考力・判断力・表現力

第一段落（初め～p.106 ℓ.12）

1「愛する祖国」（一〇五・6）とはどこか。五字で答えなさい。

2「ここは別の国。」（一〇五・10）について、次の問いに答えなさい。

(1)「ここ」とはどこなのか。十字程度で答えなさい。

(2)「わたし」から見て、「ここ」はどのような場所か。次から選びなさい。

ア 便利なものがそろっていて、なにもかもがモダンな場所。

イ 祖国よりも文明は何百年も進んでいるが、その分緑が少ない場所。

ウ きれいできちんとしており、祖国を捨てて暮らしたいと思える場所。

〔　　〕

(3)「わたし」が祖国を離れて「ここ」にいる理由は何か。それがわかる一文を本文中から探し、初めの五字を抜き出しなさい。

3「そんなこと」（一〇六・3）とは、どのようなことか。次から選びなさい。 ▼脚問1

ア 女の子は学校に行くべきではないと考えること。

イ 女の子の多くが医者になりたいと思っていること。

ウ 女の子が学校へ行って勉強したり、就職したりすること。

〔　　〕

第二段落（p.106 ℓ.13～109 ℓ.18）

4「わたし」や他の女の子にとって、学校で学ぶことがとても貴重な経験であるとわかる表現を、第二段落の中から五字で抜き出しなさい。

5「朝は、まず……いつも大笑いだ。」（一〇八・11～一〇九・18）に描かれている内容としてもっとも適当なものを、次から選びなさい。

ア 伝統的な暮らしを大切にすることと、女の子の権利を両立させることについての「わたし」の葛藤。

イ 家族や友人と仲よく過ごしながら、勉強や人権活動に励む「わたし」の日常生活。

ウ タリバンの襲撃によって平和な日常生活を失ってしまったことへの「わたし」の後悔。

〔　　〕

第三段落（p.110 ℓ.1～p.111 ℓ.13）

6「母が心配するからだ。」（一一〇・2）とあるが、母はどのようなことを心配していたのか。次から選びなさい。

ア 「わたし」が歩いて学校から帰ってくる途中で、交通事故に遭うこと。

イ タリバンを批判するようなことばかり言っている「わたし」の父が、礼拝に行く途中で撃たれること。

ウ しょっちゅう脅迫がある中で一人で歩いていて、「わたし」がテロリストに襲われること。

〔　　〕

第三段落（p.110 ℓ.1〜p.111 ℓ.13）

7 母の心配に対して、「わたし」はどのように考えていたか。次から選びなさい。

ア　脅迫されてはいたが、自分が殺されるようなことはないだろうと考えていた。

イ　母を心配させないように、襲われたらどうするかを考えておこうと思った。

ウ　自分のせいで父や友達が襲われるかもしれないと心配していた。

8 「自分までテロリストのようなことをしてはいけない。」（一一〇・14）とあるが、「テロリストのようなこと」とは、どのような行為のことか。次から選びなさい。

ア　相手の権利を奪うこと。

イ　暴力で相手を支配すること。

ウ　相手の話を聞かないこと。

第四段落（p.111 ℓ.14〜終わり）

9 「その後のこと」（一一三・4）とあるが、「その」は、いつのことをさしているか。次から選びなさい。

ア　若者に呼び止められてバスが急停車したとき。

イ　バスが軍隊の検問所を通り過ぎたとき。

ウ　バスがクリケット場の先の角を曲がったとき。

10 「おかしなことをきくやつだな」（一一三・4）、「こんなふうに道で近づいてきたことはない。」（一一三・15）という表現から、どのようなことがわかるか。次から選びなさい。

ア　人々がテロリストに対して無防備であること。

イ　普通ではないことが起ころうとしていること。

ウ　タリバン以外にもマララを快く思わない人がいること。

第四段落（p.111 ℓ.14〜終わり）

11 「男のピストルを持つ手は震えていたそうだ。」（一一四・10）とあるが、この表現は男のどのような様子を表しているか。次から選びなさい。　▼脚問3

ア　どの子がマララなのかわからないので迷っている様子。

イ　無抵抗の女の子を殺すことをためらっている様子。

ウ　バスが揺れて狙いを定められないでいる様子。

12 「タリバンが女の子一人を殺しに来るなんてことは今までなかった」（一一〇・3）、「タリバンが小娘一人を……ないんだから。」（一一・12〜13）と、同じ内容が繰り返されていることにこめられた意味として適切でないものを、次から選びなさい。　▼学習四

ア　信じがたい事件が起きたことを強調している。

イ　マララの活動の重大さや影響力の大きさを示している。

ウ　厳しい状況下でも希望を忘れない人々を賞賛している。

全体

13 新傾向　「どの子がマララかって？　マララはわたし。そしてこれがわたしの物語」（一一四・12）から、マララがどのような決意を持っていることがうかがえるか。「暴力」「女性」という言葉を使い、三十字以内で説明しなさい。

学習目標　古文を読解するための基礎知識として、歴史的仮名遣い・活用・品詞の種類を習得する。

古文を読むために1・2

教科書p.130〜p.131　p.134〜p.135

検印

知識・技能

基本練習

1　五十音図のワ行を、平仮名・歴史的仮名遣いで書きなさい。

〔　　〕〔　　〕〔　　〕〔　　〕〔　　〕

2　次の歴史的仮名遣いで書かれた語を、現代仮名遣いに直しなさい。

①かむなづき（神無月）〔　　〕　②まゐる（参る）〔　　〕

③にほひ（匂ひ）〔　　〕　④くわんぱく（関白）〔　　〕

⑤はつはる（初春）〔　　〕　⑥をみなへし（女郎花）〔　　〕

⑦けふ（今日）〔　　〕　⑧おうな（媼）〔　　〕

⑨あふぎ（扇）〔　　〕　⑩をしう（惜しう）〔　　〕

3　次の太字の語の意味を、辞書を引いて調べなさい。

①現代語にないもの（古文特有の語）

いざ、**かいもちひ**せん。（一三八・1　かいもちひ）〔　　〕

②現代語と意味の違うもの（古今異義語）

念じて寝たるほどに、（一三八・8　念ず）〔　　〕

4　次の文章を口語訳するにあたって、空欄にどのような助詞や主部（主語）・目的部（目的語）を補うとよいか。文章の意味をよく考えてそれぞれ答えなさい。

○今は昔、竹取《たけとり》の翁《おきな》といふ者ありけり。野山にまじりて竹を取りつつ、よろづのことに使ひけり。（一四二・1）

訳　今はもう昔の話だが、竹取の翁という者〔ア　〕いた。〔イ　〕野山に分け入って竹を取っては、〔ウ　〕いろいろなことに使った。

留意点

●**歴史的仮名遣いの読み方**

❶「ゐ・ゑ・を」「ぢ・づ」は「イ・エ・オ」「ジ・ズ」と発音する。

・男《をとこ》→**オ**トコ　・恥ぢたり→ハ**ジ**タリ

❷語中や語尾の「は・ひ・ふ・へ・ほ」は「ワ・イ・ウ・エ・オ」と発音する。

・川《かは》→カ**ワ**　・あはれ→ア**ワ**レ

ただし、語頭に「は・ひ・ふ・へ・ほ」を持つ語が、他の語の下について複合語となる場合を除く。

・月日《つきひ》→ツキ**ヒ**　・岩鼻《いははな》→イワ**ハ**ナ

❸「む」は「ン」と発音する場合があり、「くわ・ぐわ」は「カ・ガ」と発音する。

・咲きなむ→サキナ**ン**　・管弦《くわんげん》→**カ**ンゲン

❹長音で発音する場合は次のようになる。

(1)「あう・あふ」がオーとなる

・奥羽《あうう》→**オー**ウ　・逢坂山《あふさかやま》→**オー**サカヤマ

(2)「いう・いふ」がユーとなる

・優《いう》なり→**ユー**ナリ　・言ふ→**ユー**

(3)「えう・えふ」がヨーとなる

・要《えう》ず→**ヨー**ズ　・蝶《てふ》→**チョー**

(4)「おう・おふ」がオーとなる

・応《おう》ず→**オー**ズ　・思《おも》ふ→オ**モー**

5 **次の文は『徒然草』の一節で、「ものの道理や情趣を理解しないと思われる者でも、ときにはよい一言を言うものだ。」という意味の文である。傍線部①〜⑤の品詞名を書きなさい。**

○①心なしと②見ゆる者③も、よき④ひとこと言ふもの⑤なり。

①〔　　〕　②〔　　〕　③〔　　〕
④〔　　〕　⑤〔　　〕

6 **活用する語に、打消の助動詞「ず」をつけると未然形になり、助詞「て」をつけると連用形になる。また、名詞「時」をつけると連体形になり、助詞「ども」をつけると已然《いぜん》形になる。次の語を、空欄に合う形にそれぞれ活用させなさい。**

①吹く　〔　　〕ず　〔　　〕て　〔　　〕時　〔　　〕ども
②着る　〔　　〕ず　〔　　〕て　〔　　〕時　〔　　〕ども
③起く　〔　　〕ず　〔　　〕て　〔　　〕時　〔　　〕ども
④死ぬ　〔　　〕ず　〔　　〕て　〔　　〕時　〔　　〕ども

7 **口語文法で仮定条件を表す仮定形の位置に、文語文法で仮定条件を表すときには未然形、確定条件を表すときには已然形がくる。次の太字の意味を、あとのア〜エの中からそれぞれ選びなさい。**

①東の風**吹か**ば、花も咲かむ。　〔　　〕
②今日は北の風**吹け**ば、船を出ださず。　〔　　〕

ア　吹くと　　イ　吹くので
ウ　吹いたら　　エ　吹いても

8 **文中に助詞「ぞ」「なむ」「や」「か」があるとき、文末の活用語は連体形で結び、「こそ」があるときには已然形で結ぶ。これを「係り結びの法則」という。次の文の中から、「ぞ」の結びとなる連体形の語と、「こそ」の結びとなる已然形の語をそれぞれ抜き出しなさい。**

①空には、黒き雲ぞはやく流るる。　〔ぞ　→　　〕
②今宵《こよひ》の月こそおもしろく見ゆれ。　〔こそ　→　　〕

●文節・単語

心なしと　見ゆる　者も、よき　ひとこと　言ふ　ものなり。

このように、文を、音読して不自然にならず、また意味もわかりにくくならないように小さく区切った単位を、**文節**という。文節をさらに分けると、

心なし　と　見ゆる　者　も、よき　ひとこと　言ふ　もの　なり。

となる。文節を作っている、意味を持った一つ一つの言葉を、**単語**という。

●活用

単語の中には「者」「も」のように語形が変わらない語と、「見えず」「見ゆ」「見ゆる者」「見ゆれど」のように語形の変わる語とがある。語形が変わることを**活用**といい、未然形・連用形・終止形・連体形・已然形・命令形の六種の活用形がある。

●品詞の種類

「心なし」「見ゆる」「者」「よき」「ひとこと」「言ふ」「もの」のように単独で文節となりうる単語を**自立語**といい、「と」「も」「なり」のように単独では一つの文節とならない単語を**付属語**という。自立語には動詞・形容詞・形容動詞・名詞・副詞・連体詞・接続詞・感動詞があり、付属語には助動詞・助詞がある。この十種類の品詞は口語文法と同じである。

学習目標　古文特有の仮名遣いと言葉に慣れるとともに、鳩と蟻の関係を読み取る。

鳩と蟻のこと

教科書 p.128 ～ p.129

検印

展開の把握　思考力・判断力・表現力

○空欄に本文（古文）中の語句を入れて、内容を整理しなさい。

第一段落（初め～p.128 ℓ.4）	第二段落（p.128 ℓ.4～p.129 ℓ.1）	第三段落（p.129 ℓ.1～終わり）
蟻を救った〔ア　〕	〔キ　〕を救った蟻	蟻の恩返しを悟った鳩
鳩：蟻の様子を見て、〔エ　〕だと思い、梢を〔オ　〕落とす。	ある人：竿の先に〔ク　〕をつけて、鳩を捕らえようとする。 →ひどく〔サ　〕て、竿を投げ捨てる。	その人は このいきさつ を知りはしないだろう。 しかし ↔ 鳩は この事情 を〔シ　〕、どこへともなく飛び去った。
蟻：河の〔イ　〕で遊んでいると、急に〔ウ　〕が増し、流されてしまった。 これに乗って〔カ　〕へ上がる。	蟻：「ただ今の〔ケ　〕を送らうものを。」と思い、その人の足に〔コ　〕とかみつく。	

語句・文法　知識・技能

1 次の語句の読みを片仮名で書きなさい。

p.128
ℓ.4 ①乗つて〔　　〕
ℓ.5 ②刺さむとす〔　　〕
③思ふやう〔　　〕
ℓ.6 ④送らうものを〔　　〕

2 次の語句を平仮名の現代仮名遣いに改めなさい。

p.128
ℓ.1 ①にはかに〔　　〕
ℓ.2 ②さそひ流る〔　　〕
ℓ.6 ③食ひつきければ〔　　〕

3 次の語の意味を調べなさい。

p.128
ℓ.3 ①あはれなり〔　　〕
②ちと〔　　〕
ℓ.4 ③かかり〔　　〕
ℓ.6 ④しつかと〔　　〕
p.129
ℓ.1 ⑤色〔　　〕
ℓ.2 ⑥しかるに〔　　〕

4 文を、音読するときに言葉として不自然にならない範囲で小さく区切った、その一つ一つの単位を文節という。次の文を文節に区切り、／（斜線）で示しなさい。

p.128
ℓ.3 ①河　の　中　に　落　と　し　け　れ　ば、
ℓ.6 ②か　の　人　の　足　に　し　つ　か　と　食　ひ　つ　き　け　れ　ば、

内容の理解

思考力・判断力・表現力

全体

1「鳩、梢よりこれを見て、」(一二八・2)とあるが、「これ」がさすものを、次から選びなさい。

ア　ある河のほとりに、蟻遊ぶこと

イ　にはかに水かさまさりきて、

ウ　浮きぬ沈みぬする

〔　〕

2『あはれなるありさまかな。』と、梢をちと食ひ切つて、」(一二八・3)は、どのように音読するか。次から選びなさい。

ア「アワレナルアリサマカナ。」ト、コズエオチトクイキッテ、

イ「アハレナルアリサマカナ。」ト、コズヱオチトクイキツテ、

ウ「アワレナルアリサマカナ。」ト、コズエオチトクヒキツテ、

〔　〕

3「蟻これに乗つて」(一二八・4)とあるが、「これ」とは何をさすか。本文中から抜き出しなさい。

〔　〕

4「かの鳩」(一二八・5)とあるが、「かの鳩」とはどういう鳩か。十二字以内で説明しなさい。

〔　〕

5「しつかと食ひつき」(一二八・6)からわかる蟻の心情を次から選びなさい。

ア　動物を捕らえようとする人間が憎い。

イ　自分の力の強さを他の者に示したい。

ウ　先ほど鳩から受けた恩を返したい。

〔　〕

全体

6「鳩これを悟りて、」(一二九・2)とあるが、鳩は何を悟ったのか。次から選びなさい。

ア　ある人がとりもちで蟻を殺そうとしていたこと。

イ　水に流された蟻が助かって生きていたこと。

ウ　捕らえられそうになった鳩を蟻が助けたこと。

〔　〕

7人間である「ある人」と動物である「鳩」を、対比的に描くために用いられている言葉を、本文中から四字で抜き出しなさい。

8 新傾向 本文では省略されているが、この話の末尾には、この話を基にした教訓的な言葉が書かれている。その教訓として最も適当なものを、次から選びなさい。

ア　相手の人の思うことにはおかまいなしに親切さを示すことは、感心しないことである。

イ　他人の恩を受けたような者は、どのようにしてでもその恩返しをしたいと思う気持ちを持たねばならない。

ウ　他人を助けるといったすばらしいことをしても、それを誇ることなくいずこともなく立ち去るのがよい。

〔　〕

9本文のような、動物や非生物を登場人物とするたとえ話の名称を、次から選びなさい。

ア　寓話　　イ　説話　　ウ　神話

〔　〕

学習目標　古文特有の仮名遣いと言葉に慣れるとともに、在家人と唐人のやり取りを読み取る。

三文にて歯二つ

教科書p.132～p.133

検印

展開の把握

思考力・判断力・表現力

○空欄に適語を入れて、内容を整理しなさい。

第一段落（具体例）（初め～ p.133 ℓ.1）			第二段落（説教）（p.133 ℓ.2～終わり）
（発端）	（展開）	（結末）	（編者の評）
歯を取る〔ア　　〕 と 慳貪《けんどん》の〔イ　　〕	値下げ交渉	交渉の結果	眼前の利にとらわれる失敗
唐人　〔ウ　　〕を抜くのが仕事。（現代の歯科医） 在家人　〔エ　　〕で、損得勘定を第一に考え、何事も商売根性の、〔オ　　〕もあった人。 ↓ ・在家人が〔カ　　〕を抜かせようと唐人の所へ行った。	・治療の代価＝虫歯一本につき〔キ　　〕。 在家人　「〔ク　　〕で抜いてください。」 唐人　在家人の性根の憎らしさに〔ケ　　〕て、「絶対に〔コ　　〕では抜かない。」	在家人　「それでは〔サ　　〕で二本抜いてください。」 （一本分の治療の代価が〔シ　　〕なる。）＝「利分」（得をする）と考えた。 ↓ ・虫歯に〔ス　　〕まで加えて〔セ　　〕本の歯を抜かせた。	・在家人の心では〔ソ　　〕たと思ったであろうが、〔タ　　〕歯を失ったのは大きな損失である。 ・これは、たいへん〔チ　　〕やり方である。

語句・文法

知識・技能

1 次の語の意味を調べなさい。

p.132 ℓ.1 ①慳貪なり〔　　〕

ℓ.4 ②心ざま〔　　〕

ℓ.6 ③さらば〔　　〕

p.133 ℓ.3 ④をこがまし〔　　〕

⑤わざ〔　　〕

2 次の太字の語の品詞は、あとのア～エのいずれにあたるか。それぞれ選びなさい。

p.132 ℓ.1 ①**ある**在家人の、〔　　〕

ℓ.4 ②**ただ**も取るべけれども、〔　　〕

ℓ.6 ③**さらば**、三文にて歯二つ取りたまへ。〔　　〕

ア　接続詞　イ　感動詞　ウ　副詞　エ　連体詞

3 文を、音読するときに言葉として不自然にならない範囲で小さく区切った、その一つ一つの単位を文節という。次の文を文節に区切り、／(斜線)で示しなさい。

例　疵／なき／歯を／失ひぬる

p.132 ℓ.2 ①虫の食ひたる歯を取らせむとて、

p.133 ℓ.2 ②心には利分とこそ思ひけめども、

内容の理解

思考力・判断力・表現力

第一段落

1「ある在家人の、慳貪にして利養を先とし、」(一三・1)について、次の問いに答えなさい。

(1) 在家人の会話が本文中に二つある。二つめの会話を、二十字以内で口語訳しなさい。

(2)「利養を先とし」とあるが、「利養を先」とするような根性を何と称しているか。本文中から抜き出しなさい。

〔　　〕

2「ふつと一文にては取らじ。」(一三・5)とあるが、なぜそのように言うのか。次から選びなさい。

ア　ささやかな金ではあるが、倹約しようとする正直な在家人に、意地悪をしてからかってみたいと思ったから。

イ　わずかな治療費を値切ろうとする在家人の欲深い心根が、しゃくに思われたから。

ウ　まけさせようとする考えが、仏教に帰依する在家人として、見苦しく思われたから。

〔　　〕

3「やや久しく論ずる」(一三・5)とあるが、具体的にどのような論争が行われたのか。二十字以内で説明しなさい。

第一段落

4「おほかた取らざりければ、」(一三・6)とは、どういう意味か。次から選びなさい。

ア　唐人が全く虫歯を抜く気配を見せなかったので、

イ　だいたい在家人の言い分は通用しそうになかったので、

ウ　唐人が決して治療費を受け取らなかったので、

〔　　〕

5「二つ取らせて、」(一三・1)の「二つ」は何をさすか。それについて説明した次の文の空欄にあてはまる語句を、本文中から抜き出しなさい。

この「二つ」は、本文中の語句を用いて言えば、「虫の〔　①　〕歯」と「虫も〔　②　〕よき歯」をさしている。

①

②

第二段落

6「をこがましきわざなり。」(一三・3)とあるが、なぜか。次から選びなさい。

ア　患者が治療費に口を出すのは、差し出がましいから。

イ　よい歯まで抜いてしまうのは、少しも利益がないから。

ウ　在家人が歯を抜くのは、神仏をも恐れない行為であるから。

〔　　〕

全体

7この文章の趣旨として適切なものを次から選びなさい。

ア　少しでももうけようと焦って大きな損をすることが多いから、決して油断してはならない。

イ　どの時代でも、金持ちは金をけちりたがるもので、その正しい使い方を忘れると、人に迷惑をかけるものである。

ウ　目の前の利得にとらわれると、本当に大切なものを見失う恐れがある。

〔　　〕

学習目標 児の心の動きを読み取り、この話のおもしろさを捉える。

児のそら寝

教科書p.138〜p.139

検印

展開の把握　思考力・判断力・表現力

○空欄に適語を入れて、「児」の気持ちの変化を整理しなさい。

段落	場面	僧たちの言動	児の動作と心情
第一段落（初め〜p.138 ℓ.5）	児の分別①（発端）	・宵の所在なさに、「〔ア　　〕を作ろう。」と言う。 ↓ ・作り上げて、騒ぎ合っている。	・僧たちの話を、期待して聞く。 （食べさせてもらえるかも！） ↓ ◎寝ないで待つのは〔イ　　〕だろうから、〔ウ　　〕をして待つ。 ↓ ・きっと〔エ　　〕くれるだろう。
第二段落（p.138 ℓ.6〜終わり）	児の分別②（展開）	・「もしもし、起きなさい。」	〔オ　　〕。けれど…
	見込み違い（最高潮）	・「これ、お起こし申し上げるな。」 ↓ ・むしゃむしゃと食べる〔キ　　〕がする。	◎〔カ　　〕と思われると困るから、もう一声呼ばれたら起きよう。 （ああ、つらい。当てが外れた…！） ・〔ク　　〕起こしてほしい…… （ああもう、どうしようもない！）
	無邪気さ（結末）	↓ ・大笑いする。	・だいぶたってから、「〔ケ　　〕。」

語句・文法　知識・技能

1 次の語の読みを現代仮名遣いで書きなさい。

- p.138 ℓ.6 ①待ちゐたるに〔　　〕
- ℓ.7 ②おどろかせたまへ〔　　〕
- ℓ.9 ③をさなき人〔　　〕
- p.139 ℓ.1 ④食ひに食ふ音〔　　〕

2 次の語の意味を調べなさい。

- p.138 ℓ.1 ①つれづれ〔　　〕
- ℓ.3 ②わろし〔　　〕
- ℓ.6 ③おどろく〔　　〕
- ℓ.8 ④念ず〔　　〕
- ℓ.10 ⑤わびし〔　　〕
- p.139 ℓ.1 ⑥ずちなし〔　　〕
- ℓ.2 ⑦無期〔　　〕

3 次の太字の感動詞の説明を、あとのア〜エからそれぞれ選びなさい。

- p.138 ℓ.1 ①**いざ**、かいもちひせん。〔　　〕
- ℓ.9 ②**や**、な起こしたてまつりそ。〔　　〕
- ℓ.10 ③**あな**、わびしと思ひて、〔　　〕
- p.139 ℓ.2 ④「**えい**。」といらへたりければ、〔　　〕

ア　応答の語
イ　強い感動から発する語
ウ　呼びかけるときに発する語
エ　人を誘うときに発する語

内容の理解

思考力・判断力・表現力

全体

1 次の①〜⑤の「思」う人は、(ア)「児」、(イ)「僧たち」のどちらか。それぞれ記号で答えなさい。

①わろかりなんと思ひて、（一三八・3）
②うれしとは思へども、（一三八・7）
③待ちけるかともぞ思ふとて、（一三八・8）
④あな、わびしと思ひて、（一三八・10）
⑤思ひ寝に聞けば、（一三九・1）

2 「寝《ぬ》」という語は、(ア)眠る意味の場合と、(イ)横になっている意味の場合とがある。次の①〜⑤の「寝」は、(ア)・(イ)のどちらか。それぞれ記号で答えなさい。

①し出ださんを待ちて寝ざらんも、（一三八・2）
②寝たるよしにて、（一三八・3）
③念じて寝たるほどに、（一三八・8）
④寝入りたまひにけり（一三八・9）
⑤思ひ寝に聞けば、（一三九・1）

第一段落

3 次の①・②の傍線部を口語訳するとき、どのような助詞を補うと意味がわかりやすくなるか。適当な助詞を、それぞれひらがな一字で答えなさい。

①児ありけり。（一三八・1）
②かいもちひせん。（一三八・1）

①
②

4 「いざ、かいもちひせん。」（一三八・1）とあるが、「僧たち」が、誰に対して言った言葉かを答えなさい。

第一段落

5 「寝たるよしにて、」（一三八・3）とあるが、「児」がそうしたのはなぜか。その理由として「児」が心の中に思っていることを、本文中から二十字程度で抜き出し、初めと終わりの四字で答えなさい。

〜

6 「えい。」（一三九・2）という言葉は、どの言葉に対する返事か。該当する言葉を抜き出し、初めの八字で答えなさい。

第二段落

7 「僧たち笑ふこと限りなし。」（一三九・2）とあるが、「僧たち」が笑ったのはなぜか。その理由を次から選びなさい。 ▼学習二

ア　児が予想どおりに返事をしたから。
イ　児が間の抜けた時分に返事をしたから。
ウ　食べ終わったころに児が返事をしたから。

全体

8 この話のおもしろさは、細かい心遣いが裏目に出てしまった「児」の心の動きの描写にある。「児」の心は、何に反応して一喜一憂しているか。本文中の一語（漢字一字）で、二つ答えなさい。

9 この話のおもしろさを最もよく言い表している表現を、次から選びなさい。

ア　棚からぼたもち　　イ　果報は寝て待て
ウ　背に腹はかえられぬ

なよ竹のかぐや姫

学習目標　物語における表現の特色を理解し、かぐや姫の成長の様子を読み取る。

教科書 p.142～p.143

検印

展開の把握　思考力・判断力・表現力

○次の空欄に適語を入れて、内容を整理しなさい。

第一段落（初め ～ p.142 ℓ.7）	第二段落（p.142 ℓ.8 ～ p.142 ℓ.10）	第三段落（p.143 ℓ.1 ～ p.143 ℓ.5）	第四段落（p.143 ℓ.6 ～ 終わり）
かぐや姫の発見	翁の幸運	かぐや姫の成長	かぐや姫の命名
昔、竹取の翁という者がいた。 名前＝〔ア　〕 翁 竹の筒の中に〔イ　〕ほどの女の子がいるのを発見→家に持ち帰る。 （理由）自分に授けられたと判断したから。 妻の〔ウ　〕に預けて、〔エ　〕に入れて大切に育てた。	翁 かぐや姫を見つけたあとでは、〔オ　〕のつまった竹を見つけ続ける。 ↓ 次第に〔カ　〕になる。	この子 〔キ　〕たつと一人前の大きさになる。 ↓〔ク　〕の儀式（髪上げ・裳着） 容姿＝〔ケ　〕こと限りない。 家の中＝〔コ　〕が満ち足りている。 翁 この子を見ると、苦しい気持ち→おさまる。 腹立たしいこと→慰められる。	翁 黄金の入った竹を取り続ける。→勢力のある〔サ　〕となる。 「三室戸斎部の秋田」に、この子の名前をつけさせる。 名前＝なよ竹の〔シ　〕

語句・文法　知識・技能

1 次の語の意味を調べなさい。

p.142 ℓ.4 ①うつくし〔　〕
ℓ.5 ②おはす〔　〕
ℓ.9 ③やうやう〔　〕
p.143 ℓ.3 ④かたち〔　〕

2 次の文を単語ごとに分けて書き、それぞれの品詞をその下に書きなさい。

例　今（名詞）・は（助詞）

p.142 ℓ.9 ①かくて、翁やうやう豊かになりゆく。

p.143 ℓ.5 ②腹立たしきことも慰みけり。

3 次の太字の動詞の終止形と活用の種類を書きなさい。

p.142 ℓ.4 ①**ゐ**たり。〔　・　活用〕
ℓ.6 ②**持ち**て**来**ぬ。〔　・　活用〕
ℓ.8 ③**見つけ**て〔　・　活用〕
ℓ.9 ④黄金**ある**竹〔　・　活用〕

内容の理解

思考力・判断力・表現力

第一段落

1 「おはする」(一四三・5)、「たまふ」(一四三・5)は尊敬語である。「翁」が尊敬語を用いたのはなぜか。次から選びなさい。 ▶学習二

ア　たいへん美しい人だったから。
イ　神仏からの授かりものと思ったから。
ウ　身分の高い子だと思ったから。
〔　　〕

2 「翁」が見つけたとき、女の子はどのような子供だったか。あてはまらないものを次から一つ選びなさい。 ▶学習一

ア　竹の筒の中で光っていた人。
イ　翁の気持ちを和ませてくれる人。
ウ　三寸ほどの大きさの人。
〔　　〕

3 「手にうち入れて、」(一四三・6)とあるが、この「翁」の動作にはどのような気持ちが込められているか。次から選びなさい。 ▶学習二

ア　大事なものをいとおしむ気持ち。
イ　不思議なものに恐れおののく気持ち。
ウ　珍しいものを得て心はずむ気持ち。
〔　　〕

第二段落

4 「竹取の翁、竹を取るに、……やうやう豊かになりゆく。」(一四三・8〜10)には、「語る」ときの口調をとどめたこの物語の文体の特色が見られる。それはどの表現か。次から選びなさい。

ア　竹取るに、　イ　竹を見つくること重なりぬ。
ウ　やうやう豊かになりゆく。
〔　　〕

第三段落

5 かぐや姫は見つかってからどれほどの期間で成人の儀式をするまでに成長したか。本文中から五字で抜き出しなさい。 ▶学習一

□□□□□

第三段落

6 成人したかぐや姫が、地上の人と異なっている点を、次の言葉に続くように現代語でそれぞれ書きなさい。 ▶学習一

(1)容姿が〔　　〕。
(2)かぐや姫がいる室内は〔　　〕。
(3)翁は気分が悪いときでも、〔　　〕。

第四段落

7 「いと大きになりぬれば、」(一四三・6〜7)とあるが、これは前のどの表現と対応しているか。十五字以内で抜き出しなさい。

□□□□□□□□□□□□□□□

全体

8 かぐや姫の容姿についての評価としてどのような語が用いられているか。第一段落と第三段落からそれぞれ一語を抜き出し、終止形で答えなさい。

第一段落〔　　〕　第三段落〔　　〕

9 新傾向 この文章の前半の文末表現には①「けり」「ける」が統一して使われ、後半では②翁が登場して具体的行動に入ると、現在形、あるいは「つ・ぬ・たり」が用いられている。①・②それぞれの表現の効果の説明にあたるものを、次から選びなさい。

ア　過去の事柄を眼前の事実のように生き生きと描き出す。
イ　過去と現在をとりまぜることにより、伝奇的世界を作り出す。
ウ　伝承された物語であることを表す。
エ　過去にあった事実を詠嘆を込めて表す。

①〔　　〕
②〔　　〕

学習目標 和歌に込められた心情を読み取り、話の中で和歌が果たしている役割を捉える。

伊勢物語（筒井筒）

教科書p.148～p.151

検印

展開の把握

思考力・判断力・表現力

○空欄に漢字二字の適語を入れて、内容を整理しなさい。

前半		後半		
第一段落（起）（初め～p.148 ℓ.5）	第二段落（承）（p.148 ℓ.5～p.148 ℓ.10）	第三段落（転）（p.149 ℓ.1～p.149 ℓ.2）	第四段落（結）（p.149 ℓ.2～p.149 ℓ.7）	第五段落（補足）（p.150 ℓ.1～終わり）
幼なじみの恋	愛の告白と結婚	結婚生活の危機	夫婦愛の回復	河内の女との結末
昔、田舎暮らしの少年と少女が〔ア　〕の周りで遊んでいた。 ・〔イ　〕して愛し合うようになる。 →親が持ち込む〔ウ　〕にも耳を貸さない。	・〔エ　〕に託して互いの気持ちを確かめ合う。 ← とうとうかねての望みどおりに〔オ　〕する。	何年かたち、女の親が亡くなる。 ・〔カ　〕的に苦しくなる。 →男は〔キ　〕の女の所へ通うようになる。	男　女（妻）を疑う。←不快に思うそぶりもなく自分を送り出すから。 女（妻）　男の〔ク　〕の間にも身づくろいをする。 男の身を〔ケ　〕して歌をよむ。 男　女（妻）がいとしくなり、河内の女の所へ行かなくなる。	男　ごくまれに河内の女の家へ行く。 河内の女の慎みのなさを見る。→〔コ　〕を尽かす。 河内の女が男を恋い慕う歌をよむ。しかし、結局通わなくなった。

語句・文法

知識・技能

1 次の語の意味を調べなさい。

p.148 ℓ.10 ①あふ〔　　〕
p.149 ℓ.5 ②うちながむ〔　　〕
ℓ.7 ③かなし〔　　〕
p.150 ℓ.2 ④心にくし〔　　〕
ℓ.14 ⑤住む〔　　〕

2 「大人になりにければ」の「にけれ」を単語に分けて、文法的に説明しなさい。

p.148 ℓ.2 〔　　〕

3 次の太字の助動詞の意味と活用形を、あとのア～クからそれぞれ選び、活用形を書きなさい。

p.148 ℓ.9 ①振り分け髪も肩過ぎ**ぬ**〔　・　〕
②君**なら**ずして〔　・　〕
p.149 ℓ.3 ③かかるにやあら**む**〔　・　〕
ℓ.6 ④夜半にや……越ゆ**らむ**〔　・　〕
p.150 ℓ.12 ⑤君来**む**と〔　・　〕
⑥言ひ**し**夜ごとに〔　・　〕
ℓ.13 ⑦頼ま**ぬ**ものの〔　・　〕

ア　打消　イ　過去　ウ　意志
エ　推量　オ　完了　カ　尊敬
キ　断定　ク　現在推量

内容の理解

思考力・判断力・表現力

前半

1 「田舎わたらひしける人の子ども、」(一四八・1)の「子ども」の説明として適当なものを、次から選びなさい。

ア 名詞(子供)　イ 名詞(子)+複数を表す接尾語(ども)
ウ 名詞(子)+格助詞(ども)　〔　　〕

2 「君ならずしてたれか上ぐべき」(一四八・9)とあるが、女は結局どのようなことが言いたかったのか。次から選びなさい。

ア 背丈も髪も伸びました。早く生活力をつけたいものです。
イ 私の夫とする人はあなた以外にありません。
ウ あなたも早く大人になってください。　〔　　〕

3 「本意のごとくあひにけり。」(一四八・10)とあるが、この「本意」を具体的に表している箇所を本文中から抜き出し、初めと終わりの四字で答えなさい。(歌は除く。句読点を含まない。)

□□□□～□□□□

後半

4 「異心ありてかかるにやあらむ」(一四九・3)について、次の問いに答えなさい。

(1)「異心」とあるが、簡潔に言うとどのような心か。漢字三字で答えなさい。　▼脚問1

□□□

(2)「かかるにやあらむ」とあるが、「かかる」とは女のどのような行動をさすか。次から選びなさい。

ア 不快だという様子を見せずに、男を送り出すこと。
イ 経済的に困窮し、喜んで男を行商に出すこと。
ウ 親に先立たれ、男を頼る様子を見せること。　〔　　〕

後半

5 「夜半にや君がひとり越ゆらむ」(一四九・6)に続けて、夫の身を案ずる女の気持ちがよくわかるように、十五字以内の口語を補いなさい。

□□□□□□□□□□□□□□□

6 「河内へも行かずなりにけり。」(一四九・7)とあるが、男が河内へ行かなくなったのはなぜか。次から選びなさい。　▼学習三

ア ほかの男に心を寄せるのではないかと心配に思ったから。
イ 美しい女の姿を見て、見捨てるには惜しく思ったから。
ウ 男を思う純情に打たれて、いとしく思ったから。　〔　　〕

7 「頼まぬものの」(一五〇・13)とあるが、河内の女が男を「頼まぬ」気持ちになったのはなぜか。次から選びなさい。

ア 来ようと約束しておきながら、毎度来なかったから。
イ 男には美しい妻がいて、勝てないと思ったから。
ウ 生駒山が高く、男の来訪が困難であるとわかったから。　〔　　〕

全体

8 新傾向 本文について二人の生徒が話し合っている。空欄にあてはまるものを、あとから選びなさい。

生徒A:男が河内の女のところへ通うようになった要因として、〔①〕的な問題があったようですね。
生徒B:しかし、結局、男はもとの妻のところに戻って、河内の女のところへは通わなくなります。それは、河内の女に〔②〕を感じたからでしょう。

ア 倫理　イ 性格　ウ 経済　エ 嫉妬
オ 幻滅　カ 不安

①〔　　〕　②〔　　〕

学習目標　古文作品とそれについて述べた現代の文章とを関連づけて読解する。

活動　「筒井筒」と俵万智『恋する伊勢物語』との読み比べ

教科書p.148〜p.151

検印

○『伊勢物語』「筒井筒」について述べた次の文章を読んで、あとの問いに答えなさい。

恋する伊勢物語

俵　万智

絵に描いたようなハッピーなラブストーリーだった前半につづくア後半では、女の方の親が亡くなるという不幸が訪れる。若い二人にとって、これは精神的にもそして物理的にも、大打撃だった。

通い婚というシステムのもとでは、婿の面倒はすべて、女の家の側でみることになっている。まだ生活力のない二人。それなのに結婚生活は、基本的な経済基盤を失ってしまった。暮らしむきは、日に日に悪くなる。

「いくら愛があっても、それだけでは人生は生きていけない。このままでは、お互いがダメになってしまう」

そう考えた男は、新しい恋人を作り、河内《かわち》の国高安《たかやす》の郡《こおり》というところへ通うようになった。今の大阪府の東部あたりである。

そうすれば、経済面を、新しい女の家に頼ることができる。当時としては、男が複数の女のところへ通うことは、決して珍しいことではなかった。

が、今と昔、結婚のシステムは違っても、人の心はそれほど違わないだろう。

「あなた、浮気なんかしてっ。」

と、問いつめることはできないにしても、別の女のところへ自分の夫が通うとき、女は大いに傷ついたことと思われる。問いつめたり、なじったりできないぶん、ストレスもたまったのではないだろうか。

いわば公然と、男は浮気をする。しかも、今回の場合は、女の家が経済的に苦しいという大義名分つきである。大義名分つきの、妻公認の、浮気——。世の男性たちは、「うらやましいなあ」と思われるだろうか。私は男でないので断言はできないが、これは、あまり楽しそうではないなあと感じる。良心がとがめるから、ドキドキする。妻に隠れているから、ワクワクする。そういうものではないだろうか。

せめて最初の妻が、むくれたり皮肉を言ったりしてくれれば、はりあいも出ようというもの。ところが彼女は、なかなかよくできた女性で、グチの一つもこぼさない。イ男が高安へ行くとわかっていても、ニコニコと送り出してくれるのだった。

あんまりニコニコしているので、男はふと不安になる。

「　　　　　　　　　　　　。」

自分のことは棚にあげて、いや、自分のことがあるからなおさら深く、疑いの心が湧いてくる。まったく、男とは勝手なものだ。

ある日、どうしても事の真偽を確かめたくて、男はハリコミを計画した。

「高安へ行ってくるよ。」と言っていったん家を出て、その後こっそりひき返し、庭の植え込みの陰に身をひそめる。そして、そおっと家の中の様子をうかがった。

見ると女は、念入りに化粧などして、もの思いにふけっている。さっきの笑顔はどこへやら。さだまらぬ視線は、まさに恋する女のものである。

「くーっ。やっぱり、そうだったのか。誰だ？　どいつだ？　どこの男だ？　あらわれたら、とっちめてやる。」

ウ<u>男はすっかり、新しい恋人を待っているのだと思いこんでしまった</u>。男でなくても、読者の誰もがそう思うだろう。結婚した女が、夫を送り出したあと、化粧をしているのである。

ところが、しばらく観察していると、女はこんな歌を一首よんだ。

　風吹けば沖つしら浪たつた山よはにや君がひとりこゆらむ

（中略）なんと、女は、浮気に出かけてゆく夫の身を案じていたのだった。もの思いにふける彼女の心を占めていたのが、自分だったと知って、男は心底感動してしまう。と同時に、こんないじらしい妻を疑ったりした自分が、恥ずかしくもなる。

飛びだしていって抱きしめたくなる気持ちをこらえるのが大変なぐらい、愛しさで胸がいっぱいになってしまった。

この件があって以来、男の足はさっぱり高安へ向かなくなる。つくづく男とは勝手なものだ。（中略）

さて、浮気相手の女性とのその後は、どうなっただろうか。「化粧と歌」の一件以来、ごくごく稀にしか、訪れることがなくなってしまったが、相手の方では熱は冷めていないらしかった。

この高安に住む女、男が通いはじめた頃は、なかなか奥ゆかしくふるまっていた。けれどだんだん親しさが増すにつれて、気どりのない態度で接してくる。ご飯をよそう時なども、

「あ、あなたのは私がよそってあげるわ、ハイ、どうぞ。」

と、自ら杓子《しゃくし》を手にとったりする。

「(おいおい、気品のある女は、そういうことはしないもんだぜ。仕えの者がいるじゃないか。よせよ、みっともない)。」

男は、心の中でつぶやくだけなので、いっこうに相手には伝わらない。女のうちとけた態度、くだけた服装、もう何もかもが気に入らなくてイライラするのだが、その傾向はつよくなるばかりだった。

特に、右に紹介した「ごはん自ら事件」は、深く心にとどまり、女への「いや気」を決定的にしてしまったらしいことが、原文から読み取れる。

杓子を使うことが、どれくらい品のないことだったのか、今の私たちにはピンときにくい。が、あえて品のないことをしてまで、男への愛情を示そうとした彼女の気持ちが、ここでは大事なのではないだろうか、と思う。

「いつまでも私がお高くとまっていたら、窮屈に感じて肩がこるんじゃないかしら。こちらから気さくな態度を見せていけば、あなたも寛《くつろ》いでゆったりした気分になれるに違いないわ。男と女といっても、基本的には人間対人間。弱いところや、だらしないところを含めて、お互いを知りつくしてこそ、本当の愛は育つもの……。」

高安の女の態度からは、こういう気持ちが感じられる。男が通って来ている間だけ、見栄をはって澄ましていることぐらい、そうむずかしいことではないだろう。それをあえてしないところに、逆に彼女の意志があるように思われるのだ。

人間くさくて、好きだなあ、こういう人。とてもいい友達になれそうな気がする。大和の女とは、対照的で、むしろこちらの高安のほうが、妻タイプではなかろうか。私が男だったら、そうする。そして、いつも化粧をしている大和のほうを、愛人にするのだ。

しかし、いくら私が応援演説をしても、むなしい。その後、短歌に託して、二度のラブコールが高安の女から送られてきたにもかかわらず、男は通わなくなってしまった。

内容の理解

思考力・判断力・表現力

1 新傾向 本文中の空欄には「筒井筒」の本文を筆者が解釈した文章が入る。その解釈のもとになった箇所を、「筒井筒」の本文中から十三字で抜き出しなさい。

2 新傾向 『恋する伊勢物語』には、「筒井筒」を忠実に現代語訳した記述だけでなく、「筒井筒」に対する筆者独自の解釈が含まれている。傍線部ア～ウから筆者独自の解釈が含まれていないと考えられるものを選びなさい。

ア　後半では、女の方の親が亡くなるという不幸が訪れる。

イ　男が高安へ行くとわかっていても、ニコニコと送り出してくれるのだった。

ウ　男はすっかり、新しい恋人を待っているのだと思いこんでしまった。　〔　　〕

3 新傾向 次の会話文は二つの作品を読み比べて、生徒が話し合っているものである。これを読んで、あとの問いに答えなさい。

生徒Ａ：昔も、女は男の浮気心のせいで、苦しい思いをさせられていたんだね。『恋する伊勢物語』に二か所も書かれているように、まさに①「男とは勝手なもの」だよね。

生徒Ｂ：そうかな。それはあくまで、現代の私たちから見て「勝手」ということかもしれないよ。現代の私たちと、「筒井筒」の中に描かれた時代の人たちとでは、ものの見方や考え方に違うところが多くあるはずだから。

生徒Ｃ：私もそう思う。たとえば、高安の女の行動に男は幻滅していたよね。でも、『恋する伊勢物語』の筆者が「□」と言っているように、私もこの感覚はピンときていないんだ。

生徒Ｂ：そうそう。②男が高安の女のところに通い始めた理由についても、『恋する伊勢物語』の筆者は、単なる浮気心ではない別の理由があるとも言っているね。

(1) 傍線部①「男とは勝手なもの」と、生徒Ａが考える根拠にあたる「筒井筒」の男の行動を二つ選びなさい。

ア　自分は別の女のところに通っていたのに、自分を平気で送り出す大和の女の態度から浮気を疑った行動。

イ　大和の女のことを信用せずに嘘をついて出かけ、大和の女の様子を植え込みからうかがう行動。

ウ　大和の女が自分のことを気にかけてくれているのを知って胸がいっぱいになったので、飛び出して抱きしめそうになった行動。

エ　大和の女を愛おしいと思ってから、高安の女のところへ通うのをすっかりやめてしまった行動。　〔　　〕〔　　〕

(2) 生徒Ｃの□にあてはまる適切な一文を『恋する伊勢物語』から探し、その初めの五字で答えなさい。

(3) 「男が高安の女のところに通い始めた理由」とあるが、その理由とはどのようなものか。現代とは違うこの当時の結婚に対する考え方をふまえて、四十五字以内で書きなさい。

学習目標　古文を読解するための基礎知識として、用言の活用や助動詞のはたらきを習得する。

古文を読むために3・4

教科書 p.140〜p.141　p.152〜p.153

検印

基本練習　知識・技能

1 次の傍線部の活用語の活用の種類を書き、活用形をあとから選びなさい。

①うれしとは思へども、(一三八・7)　〔　　・　〕

②比叡の山に見ありけり。(一三八・1)　〔　　・　〕

③大和人《やまとびと》、「来む。」と言へり。(一五〇・9)　〔　　・　〕

④必ず落つとはべるやらん。(徒然草・一〇九段)　〔　　・　〕

⑤三里に灸据うるより、(一七六・6)　〔　　・　〕

⑥苔の袂よかわきだにせよ(古今集・哀傷　八四七)　〔　　・　〕

ア　未然形　イ　連用形　ウ　終止形　エ　連体形　オ　已然形　カ　命令形

2 次の傍線部の形容詞について、活用の種類と活用形を答えなさい。

①うつくしきこと限りなし。(一四二・7)

ア〔　　・　〕　イ〔　　・　〕

②そこはかとなく書きつくれば、あやしうこそものぐるほしけれ。(一五六・序)

ア〔　　・　〕　イ〔　　・　〕

3 次の傍線部の形容動詞について、活用の種類と活用形を答えなさい。

①翁やうやう豊かになりゆく。(一四二・9)　〔　　・　〕

②あけぼのの空朧々《ろうろう》として、(一七六・10)　〔　　・　〕

③風激しく吹きて、静かならざりし夜、(一五八・3)　〔　　・　〕

④渺々《べうべう》たる平沙《へいさ》へぞ赴き給ふ。(平家物語・太宰府落《だざいふおち》)　〔　　・　〕

4 次の傍線部の語の音便の種類を答えなさい。

・太う たくましいに、黄覆輪の鞍置いてぞ乗つたりける。(平家物語・木曽の最期)

ア〔　　〕　イ〔　　〕　ウ〔　　〕　エ〔　　〕

留意点

●活用の種類の見分け方

(1)語数の少ないもの

↓暗記する(複合動詞もあるので注意する)。

①上一段活用…干《ひ》る・射《い》る・鋳《い》る・着《き》る・煮《に》る・似《に》る・見《み》る・居《ゐ》る・率《ゐ》る　など

☆「ひいきにみゐ—る」と覚える。

②下一段活用…蹴《け》る

③カ行変格活用…来《く》

④サ行変格活用…す・おはす

⑤ナ行変格活用…死ぬ・往《い》ぬ(去ぬ)

⑥ラ行変格活用…あり・居《を》り・侍《はべ》り・いまそかり(いますかり)

(2)語数の多いもの

↓打消の助動詞「ず」をつけて見分ける。

①四段活用……a段になる。例　行か—ず

②上二段活用…i段になる。例　起き—ず

③下二段活用…e段になる。例　受け—ず

●ア行・ヤ行・ワ行に活用する動詞

(　)内は複合動詞

ア行…下二段活用↓得《う》(心得《こころう》・所得《ところう》)のみ

ヤ行…上一段活用↓射《い》る・鋳《い》る

上二段活用↓老《お》ゆ・悔《く》ゆ・報《むく》ゆ〈三語のみ〉

下二段活用↓覚《おぼ》ゆ・聞《き》こゆ・見《み》ゆ　など

5 次の傍線部の助動詞の基本形（終止形）を書き、意味をあとから選びなさい。

①筒井筒井筒にかけしまろが丈（一四八・7）〔　・　〕

②聞きしにも過ぎて、尊くこそおはしけれ。（一五七・1）〔　・　〕

ア　過去　イ　詠嘆

6 次の傍線部の助動詞の基本形（終止形）を書き、意味をあとから選びなさい。

①百千の家も出で来なむ。（宇治拾遺物語・絵仏師良秀）〔　・　〕

②一声呼ばれていらへんと、念じて寝たるほどに、（一三八・8）〔　・　〕

③まことにかばかりのは見えざりつ。（一六三・4）〔　・　〕

④古人も多く旅に死せるあり。（一七六・2）〔　・　〕

ア　完了　イ　確述（強意）　ウ　存続

7 次の傍線部の助動詞の基本形（終止形）を書き、意味をあとから選びなさい。

①我と思はん人々は高綱に組めや。（平家物語・宇治川の先陣）〔　・　〕

②この戒め、万事にわたるべし。（徒然草・第九二段）〔　・　〕

③すでに頽廃空虚の草むらとなるべきを、（一七八・12）〔　・　〕

ア　推量　イ　当然　ウ　婉曲

8 次の傍線部の助動詞の基本形（終止形）を書き、意味をあとから選びなさい。

①片雲の風に誘はれて、漂泊の思ひやまず、（一七六・3）〔　・　〕

②心なき身にもあはれは知られけり（新古今集・秋上　三六二）〔　・　〕

③恐ろしくて寝も寝られず。（更級日記・門出）〔　・　〕

④鎌倉殿までも知ろしめされたるらんぞ。（平家物語・木曽の最期）〔　・　〕

ア　自発　イ　可能　ウ　受身　エ　尊敬

9 次の傍線部の助動詞の基本形（終止形）を書き、意味をあとから選びなさい。

①君はあの松原へ入らせたまへ。（平家物語・木曽の最期）〔　・　〕

②髪上げさせ、裳着す。（一四三・2）〔　・　〕

ア　使役　イ　尊敬

ワ行…上一段活用→居《ゐ》る・率《ゐ》る（率《ひき》ゐる・用《もち》ゐる）

下二段活用→植《う》う・飢《う》う・据《す》う〈三語のみ〉

※ア行に活用する語とヤ行・ワ行に活用する語は紛らわしいが、ア行に活用する語（得〈心得・所得〉）を覚えて、判断しよう。

例　老いず……ア行・ヤ行ともにありうるが、ヤ行

植う＋ず…　×植えず　○植ゑず＝ワ行

●基本形が一字の動詞

得《う》（ア行下二段活用）　寝《ぬ》（ナ行下二段活用）

経《ふ》（ハ行下二段活用）　来《く》（カ行変格活用）

す（サ行変格活用）

※「得」「寝」「経」は、語幹と語尾の区別がない。

●動詞・形容詞・形容動詞の音便

イ音便…イ音に変化（動詞・形容詞）

・泣きて→泣いて　・悲しきかな→悲しいかな

ウ音便…ウ音に変化（動詞・形容詞）

・思ひて→思うて　・うれしくて→うれしうて

撥音便《はつおんびん》…ン音に変化（動詞・形容詞・形容動詞）

・飛びて→飛んで　・多かるなり→多かんなり

・苦しげなるめり→苦しげなんめり

※ラ変型の活用語が撥音便化する場合、撥音が表記されないこともある。読むときはン音を補う。

促音便《そくおんびん》…ッ音に変化（動詞）

・立ちて→立つて

学習目標 法師の失敗談を読み解き、それに対する作者の主張を捉える。

徒然草（仁和寺にある法師）

教科書p.156～p.157

検印

展開の把握

思考力・判断力・表現力 ▼学習二

○空欄に本文中の語句を入れて、内容を整理しなさい。

第一段落（初め～p.157 ℓ.5）	第二段落（p.157 ℓ.6～終わり）
法師の失敗談	作者の主張
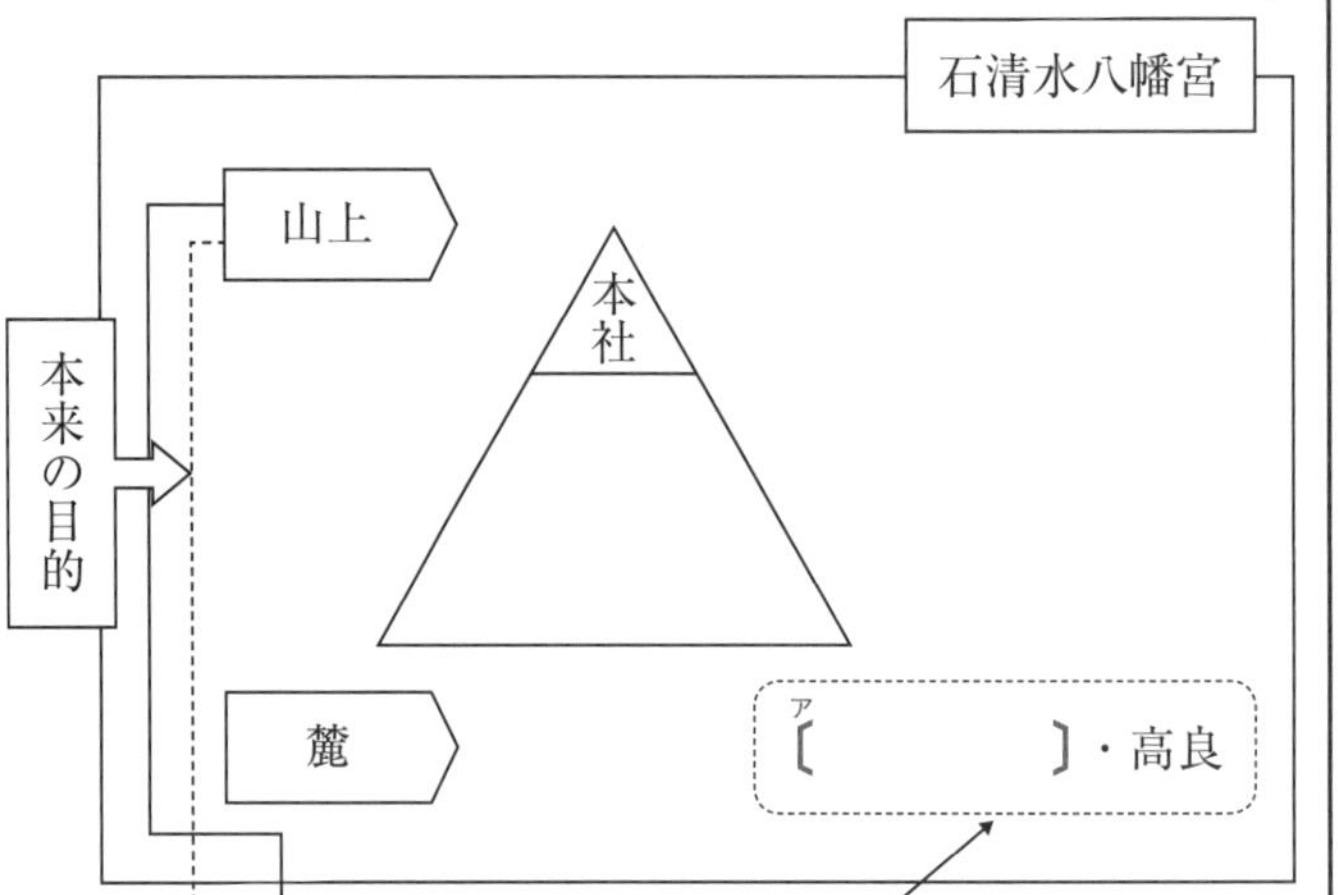	
仁和寺にある法師 ・年を取るまで〔イ　　〕を拝んでいないのを〔ウ　　〕思う。 ・〔エ　　〕で、徒歩で詣でる。 ・〔オ　　〕と心得て帰る。 ・聞いていた以上に〔カ　　〕いらっしゃった。 ・他の参拝者は山へ登っていった。 ・自分は〔キ　　〕ことが目的だから、登らなかった。	少しのことにも、その道の〔ク　　〕（指導者）は必要だ。

語句・文法

知識・技能

1 次の語句の意味を調べなさい。

p.156 ℓ.1 ①心憂し〔　　〕
p.156 ℓ.3 ②年ごろ〔　　〕
p.157 ℓ.3 ③ゆかし〔　　〕
p.157 ℓ.4 ④本意〔　　〕

2 次の太字の動詞を、文法的に説明しなさい。

p.156 ℓ.1 ①心憂く**おぼえ**て、〔　　〕
p.156 ℓ.2 ②かばかりと**心得**て〔　　〕

3 次の太字の助動詞の意味と活用形を、あとのア～クから選びなさい。

p.156 ℓ.3 ①帰り**にけり**。〔　・　〕
p.157 ℓ.1 ②尊くこそおはし**けれ**。〔　・　〕
p.157 ℓ.2 ③人ごとに山へ登り**し**は、〔　・　〕
p.157 ℓ.3 ④何事かあり**けん**、〔　・　〕
p.157 ℓ.6 ⑤ある**まほしき**ことなり。〔　・　〕

ア　過去　イ　願望　ウ　詠嘆
エ　過去推量　オ　完了
カ　連用形　キ　連体形　ク　已然形

4 次の太字の敬語の種類をあとのア～ウからそれぞれ選びなさい。

p.156 ℓ.3 ①果たし**はべり**ぬ。〔　　〕
p.157 ℓ.1 ②尊くこそ**おはし**けれ。〔　　〕
p.157 ℓ.3 ③神へ**参る**こそ本意なれ〔　　〕

ア　尊敬語　イ　謙譲語　ウ　丁寧語

内容の理解

思考力・判断力・表現力

第一段落

1 **年をとるまで石清水を拝んでいないことを法師が「心憂く」（一五六・1）思ったという理由について、次のように説明した。空欄にあてはまる言葉を、五字以内で答えなさい。**

周囲の人々が石清水の話をするのを、［　　　　　］から。

2 **「かばかりと心得て」（一五六・2）とあるが、「かばかり」とはどのような気持ちを表したものか。次から選びなさい。**

ア　目に映ったものを否定して、失望の色を隠しきれぬ気持ち。
イ　目に映ったものを十分に認識して、満足している気持ち。
ウ　目に映るものすべてが珍しく、驚いている気持ち。
〔　　〕

3 **「尊くこそおはしけれ。」（一五七・1）とあるが、ここで尊敬語「おはし」が用いられているのはなぜか。主語に着目して、その理由を十五字以内で説明しなさい。**

［　　　　　　　　　　　　　　　］

4 **「参りたる人ごとに山へ登りしは、」（一五七・2）とあるが、法師は、人々が山へ登った理由は何だと考えていたか。次から選びなさい。**

ア　観光　　イ　移動　　ウ　運動
〔　　〕

5 **「山までは見ず。」（一五七・4）という発言からうかがえる、法師の人物像を次から選びなさい。** ▼脚問1

ア　きまじめな人。　　イ　楽天的な人。
ウ　情味豊かな人。
〔　　〕

第二段落

6 **「少しのことにも、先達はあらまほしきことなり。」（一五七・6）とあるが、なぜそういえるのか。その理由を、次から選びなさい。**

ア　人はちょっとしたことにも心を奪われて、目的を見失ってしまうものであるから。
イ　ささいなことでも、専門外の人には気づかない点やわからない点が大いにありうるから。
ウ　信仰の道は人から導かれて初めて成り立つものであり、道にはずれることは許されることではないから。
〔　　〕

全体

7 **この話は、仁和寺の老法師の失敗話である。法師が失敗した原因として最も適当なものを、次から選びなさい。**

ア　無関心　　イ　不信心　　ウ　独断
〔　　〕

8 **この話から感じられる滑稽さはどこにあるか。次から選びなさい。**

ア　法師が長年の念願を果たしたと思い込み、満足気に振る舞っているところ。
イ　法師の認識不足の言動をあざ笑って、そこに痛烈な風刺を込めているところ。
ウ　法師が知ったかぶりをして、得意気にしゃべっているところ。
〔　　〕

9 **この話から導き出される教訓を、一文で書きなさい。** ▼活動一

［　　　　　　　　　　　　　　　］

学習目標　大火の様子とそれを描く表現の工夫を読み解き、作者の持つ思想を捉える。

方丈記（安元の大火）

教科書 p.158～p.159

検印

展開の把握

思考力・判断力・表現力　▶学習一

○空欄に本文中の語句を入れて、安元の大火の概要を整理しなさい。

第一段落（初め～p.158 ℓ.2）	第二段落（p.158 ℓ.3～終わり）		
導入	安元の大火の概要	大火の詳しい状況	作者の感想
〔ア　　〕がわかるようになってから四十年あまりの歳月を過ごす間に、しばしば〔イ　　〕な出来事を体験した。	・安元三年四月二十八日の夜、都の〔ウ　　〕から出火して西北に燃え広がる。 ・朱雀門や大極殿・大学寮・民部省の辺りまでが一夜のうちに灰となった。	火事が広がる様子 ・火元は樋口富小路の、〔エ　　〕が宿泊した仮屋らしい。 ・吹き迷う〔オ　　〕で末広がりに燃え移り、すべての財宝が灰となった。 ⬅ 被害の様子 ・公卿の家十六軒が焼け、都の〔カ　　〕が焼失した。 ・死者は〔キ　　〕に及び、馬や牛などの被害は把握できないほどである。	⬅ 人の営みはどれも愚かだが、その中でも、これほど〔ク　　〕都の中に、家を建てようとして〔ケ　　〕のは、特に愚かなことだ。

語句・文法

知識・技能

1 次の語句の意味を調べなさい。

- p.158 ℓ.2　①やや〔　　〕
- ℓ.10　②うつし心〔　　〕
- p.159 ℓ.3　③さながら〔　　〕
- ℓ.4　④費え〔　　〕
- ℓ.10　⑤あぢきなし〔　　〕

2 次の各文について、係り結びの結びの語にあたる「言ふ・言へる・聞く」などが省略されているものには○、係り結びではないものには×を書き入れなさい。

- p.158 ℓ.6　①樋口富小路とかや。〔　〕
- ②仮屋より出で来たりけるとなん。〔　〕
- ℓ.10　③うつし心あらんや。〔　〕
- p.159 ℓ.4　④その費え、いくそばくぞ。〔　〕
- ℓ.6　⑤三分が一に及べりとぞ。〔　〕

3 次の文を単語ごとに分けて書き、それぞれの語を文法的に説明しなさい。

例 心（名詞）・を（助詞）・悩ます（サ行四段活用動詞連体形）・こと（名詞）・は（助詞）

p.159 ℓ.10　すぐれてあぢきなくぞはべる。

〔　　　　　　〕

内容の理解

第一段落

思考力・判断力・表現力

1 「安元の大火」を、作者はどのような出来事として見ているか。それがわかる言葉を、第一段落から五字で抜き出しなさい。

2 ①「戌の時」（一五八・3）・②「東南《たつみ》」（一五八・4）・③「西北《いぬゐ》」（一五八・4）について、①はその時刻を答えなさい。②・③は、読みに合う漢字一字をそれぞれ答えなさい。 活動一

①〔　　〕　②　③

第二段落

3 「遠き家は……吹きつけたり。」（一五八・7〜8）の一文に用いられている表現技法を、次から選びなさい。 脚問1

ア　倒置　イ　反復　ウ　対句　〔　　〕

4 「その中の人」（一五八・10）とあるが、「その中」とはどの中か。次から選びなさい。

ア　「火もと」である「舞人を宿せる仮屋」の中。

イ　「空には灰を吹きたてたれば、火の光に映じて、あまねく紅なる中」と書かれた「紅なる」の中。

ウ　「風に堪へず、吹き切られたる炎、飛ぶがごとくして、一、二町を越えつつ移りゆく。」の中。　〔　　〕

5 「その費え」（一五九・4）とあるが、「費え」の中に含まれないと思われるものを、次から選びなさい。

ア　七珍万宝　イ　灰燼　ウ　馬・牛　〔　　〕

6 「数へ知るに及ばず。」（一五九・5）とあるが、これと似た意味を表す別の表現を、本文中から抜き出しなさい。

〔　　〕

第二段落

7 新傾向 「すぐれてあぢきなくぞはべる。」（一五九・10）とあるが、作者はどのようなことをきわめて愚かだといっているのか。「都」「財産」「苦労」という言葉を使って、二十字以内で答えなさい。

8 「塵灰となりにき。」（一五八・5）・「灰燼となりにき。」（一五九・3）と、文末に助動詞「けり」ではなく助動詞「き」が使われていることから言えることとして最も適当なものを、次から選びなさい。

ア　大火で失われたものへの詠嘆を込めて書いていること。

イ　筆者が実際に体験した事実に基づいて書いていること。

ウ　人から伝え聞いた過去の出来事について書いていること。　〔　　〕

全体

9 この文章の内容・表現の説明として適切でないものを、次から選びなさい。

ア　大風で一挙に燃え広がった大火が速やかに収束する様子を、扇の形という比喩であざやかに表現している。

イ　過去の大火を描写するために、過去形ばかりでなく現在形も用いることで、目前に見るように表現している。

ウ　作者は、都に建つ家々と、そこに住んでいる人間に着目してこの災害について書いている。　〔　　〕

学習目標　自然の景物や人間生活に対する作者の考え方を捉える。

枕草子（春は、あけぼの）

教科書 p.160～p.161

検印

展開の把握

思考力・判断力・表現力　▶学習一

○空欄に漢字一字の適語を入れて、内容を整理しなさい。

第一段落（初め ～ p.160 ℓ.3）	第二段落（p.160 ℓ.4～ p.160 ℓ.7）	第三段落（p.160 ℓ.8 ～ p.161 ℓ.2）	第四段落（p.161 ℓ.3 ～ 終わり）
春の美	夏の美	秋の美	冬の美
春は、あけぼのがよい。 ・あたりがだんだん〔ア　〕んでいき、 ↓〔イ　〕の稜線のあたりがほんのり明るくなって、 ↓〔ウ　〕がかった〔エ　〕が細くたなびいている。	夏は、夜がよい。 ・〔オ　〕のあるころの風情のよさは言うまでもない。 ・〔カ　〕夜もやはり〔キ　〕が飛びかうところ。 ・〔ク　〕などが降る夜。	秋は、夕暮れがよい。 ・夕日が山の端に落ちかかるころ ↓〔ケ　〕や〔コ　〕が飛ぶ。 ・すっかり暮れたあと ↓〔サ　〕の音や〔シ　〕の音。	冬は、〔ス　〕朝がよい。 ・〔セ　〕や〔ソ　〕の景。 ・寒いときに炭火を持って廊下を行く。 昼になって、丸火鉢の火にも白い〔タ　〕が目立つ→
趣がある	趣がある	言いようもないほど趣がある	ふさわしい情景である ふさわしくない

語句・文法

知識・技能

1 次の語の意味を調べなさい。

p.160 ℓ.4　①さらなり〔　　〕

p.161 ℓ.4　②つきづきし〔　　〕

p.161 ℓ.5　③わろし〔　　〕

2 A「をかし」・B「あはれなり」の意味と関係が深いものを、次からそれぞれ四つ選びなさい。

ア 主観的　イ 客観的

ウ 理知的　エ 情緒的

オ 閉ざされた美　カ 開かれた美

キ 対象と距離をおいて眺めて感じる趣

ク 対象と一体化して感じる趣

A〔　　〕　B〔　　〕

3 次の太字の語の品詞名を書きなさい。

p.160 ℓ.1　①山ぎは**少し**明かりて、〔　　〕

p.161 ℓ.4　②火など急ぎ**おこし**て、〔　　〕

p.161 ℓ.4　③いと**つきづきし**。〔　　〕

4 A「言ふべきにあらず。」（一六一・2）は「言いようもない。」、B「言ふべきにもあらず。」（一六一・3）は「言うまでもない。」の意味である。A・Bの傍線部の助動詞「べき」の文法的意味は、何か。次からそれぞれ選びなさい。

ア 当然　イ 適当　ウ 意志　エ 可能

A〔　　〕　B〔　　〕

内容の理解

思考力・判断力・表現力

第一段落

1 第一段落に述べられている春の美しさとはどのようなものか。次から選びなさい。

ア　時間の経過に従って変化していく雲のたたずまいの美しさ。
イ　時間の経過に従って変化していく空の色の美しさ。
ウ　時間の経過に従って明らかになってくる景観の美しさ。

〔　　〕

第二段落

2 「ほのかにうち光りて行くも、をかし。」（一六〇・6）とあるが、「も」は同趣の事柄を添加するはたらきの係助詞である。ここの「も」は何に対して「ほのかにうち光りて行く」を添加しているのか。本文中から十二字以内で抜き出しなさい。

□□□□□□□□□□□□

3 「雨など降るも、をかし。」（一六〇・6）とあるが、係助詞「も」は何に対して「雨など降る」を添加しているのか。次から二つ選びなさい。

ア　夏　イ　夜　ウ　月
エ　闇　オ　蛍

〔　　〕〔　　〕

第三段落

4 「三つ四つ、二つ三つ」（一六〇・9）とあるが、これは鳥のどのような様子を描写しているか。次から選びなさい。

ア　三羽行きあるいは四羽行き、または二羽、三羽と群がり行くこと。
イ　初めに三羽だったのが四羽に増え、さらに二羽に減ったり三羽に増えたりすること。
ウ　数えきれないほどたくさん行くこと。

〔　　〕

5 第三段落の「秋」の内容は二つに分けることができる。後半は「日入り果てて、」（一六一・1）から始まる。後半の風物の取り上げ方には、どのような特徴があるか。次から選びなさい。

ア　視覚的　イ　聴覚的　ウ　触覚的

〔　　〕

6 「さらでも」（一六一・4）とはどのような意味か。「さら」が指している内容を明らかにして、十字以内で口語訳しなさい。

□□□□□□□□□□

第四段落

7 「つきづきし。」（一六一・4）とあるが、筆者は、赤くおこした炭火を持って歩く様子が、何にふさわしいと言っているか。十二字以内で説明しなさい。

□□□□□□□□□□□□

8 「白き灰がちになりて、わろし。」（一六一・5）とあるが、炭火が「白き灰がち」になると「わろし」なのはなぜか。その理由を次から選びなさい。

▼脚問2

ア　炭火が燃える音も聞こえず、灰も崩れて汚く見えるから。
イ　年老いて身勝手になってしまった人間の姿に似ているから。
ウ　朝と違って厳しい寒さが感じられず、冬に似合わないから。

〔　　〕

全体

9 この文章は、四季それぞれの自然や人事の美しい瞬間を捉えて細かく描写している。その美しさを捉えるときの観点を、どのような言葉で表現しているか。本文中から三字で抜き出しなさい。

□□□

学習目標　自然の景物や人間生活に対する作者の考えを捉える。

枕草子（はしたなきもの）

教科書p.162

検印

展開の把握　思考力・判断力・表現力　▼学習一

○空欄に適切な語句を入れて、内容を整理しなさい。

段落	内容	区分	本文
第一段落（初め〜p.162 ℓ.2）	人違い	主題	はしたなきもの
		主文	・他の人を呼ぶ→〔ア　　〕だと思って、違った人が顔を出した。
		従属文	・それが〔イ　　〕などくれてやるとき→いっそうである。
第二段落（p.162 ℓ.2〜p.162 ℓ.3）	暴かれた悪口	主文	・なりゆきで、人の〔ウ　　〕を言う←幼い子供が聞いて覚えていて、←当人のいる前で言い出す。
第三段落（p.162 ℓ.3〜終わり）	出てこない涙	主文	・悲しいことなど人が話して泣く→どうしても〔エ　　〕が出て来ない。
		従属文	・泣き〔オ　　〕を作り、特別しんみりした〔カ　　〕をする。→全然かいがない。
		従属文	・〔キ　　〕ことを聞いた折→涙が出て来る。

語句・文法　知識・技能

1 次の語句の意味を調べなさい。

p.162 ℓ.1 ①はしたなし〔　　〕

②こと人〔　　〕

③けしき〔　　〕

ℓ.5 ④めでたし〔　　〕

2 次の太字のカ行変格活用動詞の活用形を、あとのア〜カからそれぞれ選びなさい。

p.162 ℓ.4 ①涙のつと**出で来**ぬ、〔　　〕

ℓ.6 ②**出で来**にぞ出で来る。〔　　〕

③出で来にぞ**出で来る**。〔　　〕

ア　未然形　イ　連用形　ウ　終止形
エ　連体形　オ　已然形　カ　命令形

3 次の太字の「に」の文法的説明として正しいものを、あとのア〜エからそれぞれ選びなさい。

p.162 ℓ.5 ①けしき異**に**なせど、〔　　〕

ℓ.5 ②めでたきことを見聞く**に**は、〔　　〕

ℓ.6 ③出で来**に**ぞ出で来る。〔　　〕

ア　格助詞
イ　接続助詞
ウ　副詞の一部
エ　ナリ活用形容動詞の連用形活用語尾

内容の理解

思考力・判断力・表現力

第一段落

1「我ぞとさし出でたる。」（一六三・1）とあるが、「さし出で」とはどうすることか。次から選びなさい。

ア　口出しする　イ　でしゃばる　ウ　受け答えする　〔　　〕

第二段落

2「おのづから人の上などうち言ひそしりたるに、」（一六三・2）とは、どういう意味か。次から選びなさい。

ア　つい自然のなりゆきで、人のうわさをして悪口を言ったところ、

イ　たまたま身分の高い人のことを話題にしてけなしたところ、

ウ　自分よりも人が上位になったことに文句を言い立腹したところ、　〔　　〕

3「その人のあるに」（一六三・3）とあるが、「その人」とはどういう人か。十字以内の現代語で、わかりやすく答えなさい。

［　　　　　　　　　　］

4「言ひ出でたる。」（一六三・3）とあるが、誰が、何を言ったのか。それぞれ本文中から抜き出しなさい。

〔　　　　〕が、〔　　　　〕を言った。

第三段落

5「げにいとあはれなり」（一六三・4）とは、ここではどういう意味か。次から選びなさい。

ア　本当にとても情けないことだ。

イ　本当にとても気の毒なことだ。

ウ　本当にとてもかわいらしいことだ。　〔　　〕

第三段落

6「泣き顔つくり、けしき異になせど、いとかひなし。」（一六三・4）とあるが、なぜ「かひ」がないのか。次から選びなさい。

ア　泣き顔を作り、悲しげな様子をしても、肝心の「涙」が出て来ないから。

イ　泣き顔を作り、悲しげな様子をしても、自分自身を偽ることはできないから。

ウ　泣き顔を作り、悲しげな様子をしても、すぐにうそだと相手に見破られてしまうから。　〔　　〕

7「出で来にぞ出で来る。」（一六三・6）とあるが、何が出て来るというのか、答えなさい。

〔　　　　〕

全体

8 この文章には、「はしたなきもの」の事例がいくつ取り上げられているか。その数を漢数字で答えなさい。

［　　］例

9 新傾向 本文を読んだ生徒の感想として適当なものを、次から選びなさい。

生徒A：この文章で清少納言は、感情を鋭く捉え、現代人とは違う、この当時独特の人間関係を赤裸々に語っているね。

生徒B：この文章を書いた清少納言は権威主義者だから、いろいろな場合の人間の権勢のありかたを詳細に描いているね。

生徒C：この文章には、世間の裏表をよく知っている作者による、世間交際上の人事が、つぶよりの言葉で表されているね。

生徒D：この文章には一般的な作者の観察が書かれているだけなのだけど、二流・三流の貴族の悲哀感が実によくにじみ出ているね。

生徒〔　　〕

学習目標 自然の景物や人間生活に対する作者の考え方を捉える。

枕草子（中納言参りたまひて）

教科書p.163～p.164

検印

展開の把握　思考力・判断力・表現力

○空欄に適語を入れて、内容を整理しなさい。

第一段落（初め～ p.163 ℓ.6）				第二段落（p.163 ℓ.7～終わり）
自慢話				弁解
（発端）	（展開）	（最高潮）	（結末）	（補足）
中納言様　参上なさって、〔ア　〕を差し上げなさる。「実に珍しい扇の〔イ　〕を手に入れました。この骨にふさわしい上質の〔ウ　〕を求めています。」	〔エ　〕「どのような骨ですか。」 中納言様　ひどく〔オ　〕そうにおっしゃる。「世に見たことのない骨だ。」	私「扇の骨ではなく、〔カ　〕の骨でしょう。」	中納言様　感心し、お笑いになる。「隆家の言った〔キ　〕としよう。」	人々「〔ク　〕も書きもらすな。」 ↓ 私　しかたなく書いた。

語句・文法　知識・技能

1 次の語の意味を調べなさい。

p.163
- ℓ.2 ①参らす〔　〕
- ②おぼろけなり〔　〕
- ℓ.4 ③さらに〔　〕
- ℓ.7 ④かたはらいたし〔　〕

2 次の太字の副詞が対応している語を、それぞれ抜き出しなさい。

p.163
- ℓ.2 ①**え**張るまじければ、〔　〕
- ℓ.4 ②**さらに**まだ見ぬ骨のさまなり。〔　〕
- ℓ.7 ③一つ**な**落とし**そ**。〔　〕

3 次の太字の敬語の種類と品詞を、あとのア～オからそれぞれ選びなさい。

p.163
- ℓ.1 ①中納言**参り**たまひて、〔　・　〕
- ②御扇**奉らせ**たまふ〔　・　〕
- ℓ.2 ③張らせて**参らせ**む〔　・　〕
- ④求め**はべる**なり。〔　・　〕
- ℓ.3 ⑤と**申し**たまふ。〔　・　〕
- ⑥問ひ**きこえさせ**たまへば、〔　・　〕
- ℓ.5 ⑦言高く**のたまへ**ば、〔　・　〕
- ℓ.6 ⑧**聞こゆれ**ば、〔　・　〕
- ⑨笑ひ**たまふ**。〔　・　〕

ア　尊敬語　　イ　謙譲語　　ウ　丁寧語
エ　動詞　　オ　補助動詞

内容の理解

思考力・判断力・表現力

第一段落

1 「え張るまじければ、」（一六三・2）の意味を、次から選びなさい。
ア 当然張りたくないので、
イ 当然張ることができないので、
ウ 当然張ってもしかたがないので、
〔　　〕

2 「求めはべるなり。」（一六三・2）とあるが、中納言は何を求めているのか。次から選びなさい。▼脚問2
ア 立派な扇の骨にふさわしいすばらしい紙。
イ 珍しい扇を差し上げるのにふさわしい立派な人。
ウ すばらしい扇の紙にふさわしい珍しい骨。
〔　　〕

3 「いかやうにかある。」（一六三・3）の意味を、次から選びなさい。
ア どのような紙を骨に張るのか。
イ どのような様子の骨なのか。
ウ どういうふうに求めるのか。
〔　　〕

4 「問ひきこえさせたまへば、」（一六三・3）で、問う動作をしたのは中宮である。動作主が中宮であると判断する根拠となる敬語表現を、五字以内で抜き出しなさい。

5 「さては、扇のにはあらで、海月のななり。」（一六三・5）について、次の問いに答えなさい。
(1) 清少納言は、中納言（隆家）のどのような言葉に対してそのように言ったのか。次から選びなさい。▼学習二
ア 隆家こそいみじき骨は得てはべれ。
イ すべていみじうはべり。
ウ さらにまだ見ぬ骨のさまなり。
〔　　〕

(2) 「海月のななり。」は、「海月の骨でしょう。」という意味であるが、この言葉が隆家の発言に対する機転のきいたしゃれとなったのはなぜか。その理由を、十二字以内で答えなさい。

第二段落

6 「かやうのことこそは、かたはらいたきことのうちに入れつべけれど、」（一六三・7）について、次の問いに答えなさい。
(1) 「かやうのこと」がさす内容を、次から選びなさい。
ア 清少納言の自慢話めいたこと。
イ 扇の骨のようなつまらないもののことで論争したこと。
ウ 中宮の御前で隆家と声高に言い争ったこと。
〔　　〕

(2) 「かたはらいたきこと」と、清少納言が言ったのは、このしゃれがどのようなものだからか。次から選びなさい。
ア 隆家に対して失礼なものだったから。
イ 隆家の発言がなければ思いつかなかったものだから。
ウ 学識を必要としない、ただのだじゃれだから。
〔　　〕

全体

7 得意になっていたところを清少納言にしゃれでやりこめられても、「『これは隆家が言にしてむ。』とて、笑ひたまふ」（一六三・6）という言動から、中納言隆家はどのような性格の人だと考えられるか。十五字以内で答えなさい。

学習目標 調べや修辞技法に留意しながら、和歌の鑑賞のしかたを理解する。

万葉・古今・新古今

教科書 p.168～p.171

検印

展開の把握

思考力・判断力・表現力 ▼学習一

○空欄に適語を入れて、和歌の内容を整理しなさい。

春の苑	二句切れ	春の庭園は〔ア　　〕に美しく輝いている。桃の花が照り映えている〔イ　　〕に出で立つ少女よ。
袖ひちて	句切れなし	暑い〔ウ　　〕に袖がぬれるままに〔エ　　〕ですくって飲んだ水が、冬は凍っていたが、〔オ　　〕の今日の風が今ごろ吹き解かしていることだろうか。
ほのぼのと	〔カ　　〕	ほんのりと春は〔キ　　〕に来たらしい。あの天の香具山に、〔ク　　〕がたなびいているよ。
み熊野の	句切れなし	熊野の海岸に咲く〔ケ　　〕が幾重にも重なり合っているように、あなたを〔コ　　〕にも心では思っているが、〔サ　　〕会うことができないことよ。
暮るるかと	〔シ　　〕	日が〔ス　　〕かと思うと、もう夜が〔セ　　〕てしまう感じの、短い〔ソ　　〕の夜を、飽き足らないと言って鳴くのか、山ほととぎすよ。
橘の	句切れなし	橘の花が薫るあたりでするうたた寝は、〔タ　　〕の中も昔慣れ親しんだ人の袖の〔チ　　〕がするよ。

語句・文法

知識・技能

1 次の語の読みを現代仮名遣いで書きなさい。

- p.168 ℓ.2 ①苑〔　　〕
- ℓ.6 ②天の香具山〔　　〕
- p.169 ℓ.2 ③浜木綿〔　　〕
- ④百重〔　　〕
- ℓ.10 ⑤橘〔　　〕
- p.170 ℓ.1 ⑥蟋蟀〔　　〕
- ℓ.2 ⑦夕月夜〔　　〕
- ℓ.7 ⑧苫屋〔　　〕

2 次の語の意味を調べなさい。

- p.168 ℓ.2 ①にほふ〔　　〕
- ℓ.4 ②ひつ〔　　〕
- p.170 ℓ.2 ③しのに〔　　〕
- ℓ.4 ④おどろく〔　　〕
- p.171 ℓ.6 ⑤かつ〔　　〕

3 次の太字の「し」の文法的説明として正しいものを、あとのア～オからそれぞれ選びなさい。

- p.168 ℓ.1 ①眺矚**し**て作る歌〔　　〕
- ℓ.4 ②袖ひちてむすび**し**水の〔　　〕
- p.170 ℓ.9 ③平城の京**し**思ほゆるかも〔　　〕

ア　サ行変格活用動詞の一部
イ　副助詞「し」
ウ　過去の助動詞「き」の連体形

夕月夜	句切れなし	夕月の出ている夜に、心もうちしおれるばかりに、〔ツ　　〕が置くこの庭で、〔テ　　〕が鳴いているよ。
秋来ぬと	句切れなし	秋が来たと〔ト　　〕で見たところではっきりわからないが、風の音を〔ナ　　〕にすると、自然と秋の訪れが感じられてはっとすることだよ。
見渡せば	〔ニ　　〕	見渡すと、情趣を誘うような春の〔ヌ　　〕も〔ネ　　〕の紅葉もないことだよ。漁師の苫ぶきの〔ノ　　〕が点在するだけの〔ハ　　〕の秋の夕暮れの眺めであるよ。
沫雪の	句切れなし	泡のようにやわらかい雪が〔ヒ　　〕地上に降り積もると、〔フ　　〕の都のことがしみじみと思われてならないことだ。
雪降れば	〔ヘ　　〕	雪が降ると、木という木に〔ホ　　〕が見事に咲いたことだよ。もし折り取ろうとしたならば、どれを〔マ　　〕と区別して折ろう。
かつ凍り	句切れなし	一方では凍り、同時に一方ではそれが砕ける山間の川の〔ミ　　〕が、岩と岩との間でむせぶような音を立てている、夜明け方の〔ム　　〕よ。

4 **次の太字の助動詞の意味を、あとのア～クからそれぞれ選びなさい。**

p.168 ℓ.4 ① 春立つ今日の風やとく**らむ**〔　　〕
p.168 ℓ.6 ② 春こそ空に来にけ**らし**〔　　〕
p.170 ℓ.4 ③ 風の音にぞおどろか**れ**ぬる〔　　〕
p.170 ℓ.7 ④ 花も紅葉もなかり**けり**〔　　〕
p.171 ℓ.2 ⑤ 木ごとに花ぞ咲き**に**ける〔　　〕
p.171 ℓ.3 ⑥ いづれを梅とわきて折ら**まし**〔　　〕

ア 完了　イ 自発　ウ 推定
エ 詠嘆　オ ためらい　カ 可能
キ 現在推量　ク 過去推量

5 **次の太字の係助詞に対する結びの語を抜き出しなさい。また、係助詞の意味をあとのア～ウからそれぞれ選びなさい。**

p.168 ℓ.4 ① 春立つ今日の風**や**とくらむ
結びの語〔　　〕　意味〔　　〕
p.169 ℓ.11 ② 夢も昔の袖の香**ぞ**する
結びの語〔　　〕　意味〔　　〕

ア 強意　イ 疑問　ウ 反語

6 **次の太字の「ぬ」を、それぞれ文法的に説明しなさい。**

p.169 ℓ.3 ① 直にあは**ぬ**かも
〔　　〕
p.170 ℓ.4 ② 秋来**ぬ**と目にはさやかに
〔　　〕

内容の理解

思考力・判断力・表現力

大伴家持

1 「春の苑……」（一六八・2）の歌について、次の問いに答えなさい。

(1) この歌のような終止のしかたを何というか。四字で答えなさい。

(2) この歌の解説として適切でないものを、次から選びなさい。

ア 「桃の花」は、美しい「をとめ」の姿を引き立てている。
イ 満開の桃の花の芳香を巧みに「紅」色で捉えている。
ウ 漢詩ふうの素材と、樹下美人図を思わせる絵画的構造の歌である。

〔　　〕

紀貫之

2 「袖ひちて……」（一六八・4）の歌について、次の問いに答えなさい。

(1) 「むすびし水」とあるが、「むすぶ」と対比して用いられている言葉を歌の中から二字で抜き出しなさい。

(2) この歌には、三つの季節をよみこみ、季節の推移を物質の変化で捉えた理知が見られる。その季節名を出てくる順番に答えなさい。

〔　　→　　→　　〕

(3) この歌に見られる「袖」（衣）の縁語を次から四つ選びなさい。 学習二

ア ひち　イ むすび　ウ 水
エ こほれ　オ 春　カ 立つ
キ 今日　ク 風　ケ とく

〔　　〕〔　　〕〔　　〕〔　　〕

(4) この歌の主題として適切なものを、次から選びなさい。

ア 納涼の楽しさ
イ 立春の喜び
ウ 春風の爽やかさ

〔　　〕

後鳥羽院

3 「ほのぼのと……」（一六八・6）の歌について、次の問いに答えなさい。

(1) 春の気分を象徴し、この歌全体に関わっているともいえる語を抜き出しなさい。

〔　　〕

(2) この歌は『万葉集』の「ひさかたの天の香具山この夕へ霞たなびく春立つらしも」を本歌としている。『万葉集』の本歌と比較したとき、『新古今和歌集』のこの歌の特色といえる要素を次から三つ選びなさい。 学習三

ア 枕詞　イ 序詞　ウ 三句切れ
エ 四句切れ　オ 五七調　カ 七五調
キ 倒置法　ク 対句法

〔　　〕〔　　〕〔　　〕

柿本人麻呂

4 「み熊野の……」（一六九・2）の歌について、次の問いに答えなさい。

(1) この歌に用いられている序詞を抜き出しなさい。

〔　　〕

(2) この歌の中で、尽きることのない恋心を象徴しているものは何か。歌の中から三字で抜き出しなさい。

柿本人麻呂

(3)「心は思へど直にあはぬかも」とあるが、恋しい人に対してどのようなことを嘆いているのか。十字以内で説明しなさい。

壬生忠岑

5「暮るるかと……」（一六九・6）の歌について、次の問いに答えなさい。

(1)「暮るるかと見れば明けぬる」とは、どういう意味か。次から選びなさい。

ア 夜になったかと思えば、朝になってしまった。
イ 日が没んでしまうと、なかなか夜が明けない。
ウ 闇に覆われていたかと思えば、すっかり晴れていた。

〔　〕

(2)「飽かず」とは、「満足しない」という意味である。何が何に満足しないのか、簡潔に答えなさい。

〔　〕

(3)この歌の主題として適切なものを、次から選びなさい。

ア 夏の明け方のけだるい心持ち
イ 山ほととぎすの美しい鳴き声
ウ 夏の短い夜を惜しむ気持ち

〔　〕

藤原俊成女

6「橘の……」（一六九・10）の歌は、『古今和歌集』の「五月待つ花橘の香をかげば昔の人の袖の香ぞする」を本歌としている。本歌をふまえると、「夢も昔の袖の香ぞする」とは、夢でどのようなことがあったことを暗示しているといえるか。十二字以内で説明しなさい。

〔　〕

▼学習三

湯原王

7「夕月夜……」（一七〇・2）の歌について、次の問いに答えなさい。

(1)「しのに」が修飾している語を抜き出しなさい。

〔　〕

(2)この歌の雰囲気を言い表した語として最も適切なものを、次から選びなさい。

ア 可憐
イ 陽気
ウ 清澄

〔　〕

(3)この歌によまれている景物を、三つ抜き出しなさい。

〔　〕〔　〕〔　〕

▼学習四

藤原敏行

8「秋来ぬと……」（一七〇・4）の歌について、次の問いに答えなさい。

(1)この歌の中で対比されている感覚の組み合わせを、次から選びなさい。

ア 視覚と聴覚
イ 嗅覚と聴覚
ウ 視覚と触覚

〔　〕

(2)「おどろかれぬる」とは、「はっと気づかされた」という意味である。作者は何に気づかされたのか、六字以内で答えなさい。

藤原敏行

(3) この歌には、音調の上で初秋の印象に響き合った、清爽な趣を添えている形容動詞がある。その語を抜き出しなさい。

〔　　　　〕

藤原定家

9「見渡せば……」（一七〇・7）の歌について、次の問いに答えなさい。

(1) この歌はどのような場所についてよんだものか。次から選びなさい。

ア 家の庭　イ 浜辺
ウ 深い山

〔　　〕

(2)「花も紅葉もなかりけり」とあるが、それらの代わりに何があるのか。歌の中から四字で抜き出しなさい。

(3) この歌の雰囲気を言い表した語として最も適切なものを、次から選びなさい。

ア 悲嘆
イ 寂寥
ウ 諦観

〔　　〕

(4) この歌の風景は、紫式部の書いた物語の「明石の巻」に影響を受けているといわれ、想像世界の風景である。この歌に影響を与えた物語名を答えなさい。

〔　　　　〕

大伴旅人

10「沫雪の……」（一七〇・9）の歌について、次の問いに答えなさい。

(1)「ほどろほどろに降り敷けば」とあるが、どのような意味か。適切なものを、次から選びなさい。

ア 薄くまだらに降り広がっていると
イ しんしんとしきりに降り積もるので
ウ ふわりふわりとやわらかに降り続くならば

〔　　〕

(2) この歌によまれている作者の心情を、次から選びなさい。

ア 懐古
イ 感嘆
ウ 望郷

〔　　〕

紀友則

11「雪降れば……」（一七一・2）の歌について、次の問いに答えなさい。

(1)「木ごとに花ぞ咲きにける」とあるが、「花」とは何をさしているか。次から二つ選びなさい。　▼学習二

ア 桜　イ 白梅　ウ 紅梅
エ 木の枝に積もった雪
オ 木の下に積もった雪

〔　　〕〔　　〕

(2)「いづれを梅とわきて折らまし」とあるが、どのような意味か。次から選びなさい。

ア どれかは梅に違いないけれど折り取るわけにはいかない。
イ どれも梅と変わらない花になって折り取れたらいいのに。
ウ どれを梅の花だと見分けて折り取ればよいのだろう。

〔　　〕

(3)『古今和歌集』に収められた歌には、「秋の心を愁ひといひけれ」のように、漢字を分解して読み込む、文字上の遊びが見られるものがある。この歌では、「梅」の字を分解した箇所があ

紀友則

るが、それはどこか。歌の中から抜き出しなさい。

〔　　　〕

藤原俊成

12「かつ凍り……」（二七・6）の歌について、次の問いに答えなさい。

(1)「かつ凍りかつは砕くる」とあるが、川の水が凍りついたり砕けたりしているのはなぜか。その理由を、次から選びなさい。

ア　春が近いから。

イ　人々の手が加えられるから。

ウ　夜明け方で、急流だから。

〔　　〕

(2)歌の中に、水を擬人化した言葉がある。その言葉を次から二つ選びなさい。

ア　かつ　　イ　凍り

ウ　砕くる　　エ　岩間

オ　むせぶ　　カ　声

〔　　〕〔　　〕

(3)この歌は、唐の詩人、白居易の詩文集『白氏文集』に収められている詩句を念頭に置いて作られたと考えられる。このことをふまえて、次にあげる詩句の書き下し文の空欄に入る言葉を、あとから選びなさい。

滝水凍り□流るることを得ず。（『白氏文集』巻三）

ア　怒りて

イ　咽《むせ》んで

ウ　笑ひて

〔　　〕

全体

13次の①〜③の説明に合う歌集を、あとからそれぞれ選びなさい。

①八世紀後半にほぼ成立。撰者は未詳。清心で素朴な歌風。

②九〇五年ごろの成立。繊細で優雅、かつ理知的傾向の強い歌風。

③一二〇五年成立。幽玄・有心の美を重視した独特の歌風。

ア　古今和歌集　　イ　新古今和歌集

ウ　万葉集

①〔　　〕②〔　　〕③〔　　〕

14『古今和歌集』『新古今和歌集』のように、勅命によって作られた和歌集を何というか。漢字五字で答えなさい。

□□□□□

15次の①〜⑤の説明に合う修辞技法を、あとからそれぞれ選びなさい。

①主に五音節からなり、下の特定の語にかかる固定的な修飾の言葉。

②ある語句を導き出すための前置きにする語句。主に七音節以上で、自由に創作される。

③同じ音を利用し、一つの言葉で複数の意味を表す。

④一首の中のある言葉と、関連の深い語をよみ込み、連想によってイメージを豊かにさせる。

⑤古い歌の一部を取り入れることで、歌の内容に深みを持たせる。

ア　本歌取り　　イ　縁語

ウ　掛詞　　エ　序詞

オ　枕詞

①〔　　〕②〔　　〕③〔　　〕

④〔　　〕⑤〔　　〕

学習目標 俳文の表現の特色を理解し、作品に表れた作者の思想や心情を捉える。

奥の細道（旅立ち）

教科書p.176～p.177

検印

展開の把握

思考力・判断力・表現力

○空欄に適語を入れて、散文と句の関係を整理しなさい。

第一段落（初め～p.176 ℓ.9）
芭蕉庵を去る

人生観
- 人生は〔ア　　〕である。
- 〔イ　　〕が人生である人もいる。
- 尊敬する〔ウ　　〕も多く旅で死んでいる。

漂泊の思いやみがたい。（昨秋旅から帰ったばかりだが……。）
- ・〔エ　　〕が立つ→〔オ　　〕の関を越えたい。
- ・〔カ　　〕→心狂わせる。
- ・〔キ　　〕の招き→取るものも手につかない。

↓

旅仕度をする。→松島の〔ク　　〕が心にかかる。
- ・笠の〔ケ　　〕をつけかえる。
- ・〔コ　　〕に灸をする。

↓

芭蕉庵を人に譲る。→〔サ　　〕の別宅に移る。「草の戸も」の句をよむ。

第二段落（p.176 ℓ.10～終わり）
千住での別れ

三月二十七日早朝、出発。←親しい人々の見送り。

私　上野・谷中の〔シ　　〕をまたいつ見ることができるか。→心細い

〔ス　　〕で親しい人々と別れる。

私　遠い異郷に旅立つ思いが万感胸に迫る。

→〔セ　　〕の涙を流す。

「行く春や」の句をよんで〔ソ　　〕の書き始めとする。

語句・文法

知識・技能

1 次の語の意味を調べなさい。

- p.176 ℓ.1 ①過客〔　　〕
- ℓ.4 ②やや〔　　〕
- ℓ.9 ③庵〔　　〕
- ℓ.10 ④弥生〔　　〕
- ⑤朧々たり〔　　〕

2 次の太字の「る」は、あとのア～ウのいずれにあたるか。それぞれ選びなさい。

- p.176 ℓ.2 ①老いを迎ふ**る**者は、〔　　〕
- ②旅に死せ**る**あり。〔　　〕
- ℓ.4 ③春立て**る**霞の空〔　　〕
- ℓ.6 ④取**る**もの手につかず、〔　　〕
- ⑤三里に灸据う**る**より、〔　　〕
- ℓ.8 ⑥住み替は**る**代ぞ〔　　〕

ア　四段活用動詞の活用語尾
イ　下二段活用動詞の活用語尾の一部
ウ　完了・存続の助動詞の連体形
エ　可能の助動詞の連体形

3 次の太字の助詞「より」は、あとのア～カのいずれにあたるか。それぞれ選びなさい。

- p.176 ℓ.6 ①三里に灸据うる**より**、〔　　〕
- p.177 ℓ.2 ②宵**より**集ひて、〔　　〕

ア　起点　イ　手段　ウ　原因
エ　即時　オ　比較　カ　限定

内容の理解

思考力・判断力・表現力

第一段落

1 「月日は百代の過客にして、行きかふ年もまた旅人なり。」（一六・1）には、どのような修辞技法が用いられているか。次から選びなさい。 ▼学習一

ア 掛詞と擬人法　イ 掛詞と対句
ウ 対句と擬人法　〔　　〕

2 「春立てる霞の空に、」（一六・4）の「立てる」は、「霞が立つ」意と、ほかにどのような意味が掛けられているか。漢字二字で答えなさい。

3 「草の戸も……」（一六・8）の句について、次の問いに答えなさい。

(1) ①季語と②切れ字をそれぞれ答えなさい。

①〔　　〕　②〔　　〕

(2) 「草の戸も住み替はる代ぞ」と感慨を述べているが、「も」は本文中のどの一文をふまえて用いたと考えられるか。該当する一文を、本文中から抜き出し、初めの五字で答えなさい。

4 「上野・谷中の花の梢、またいつかはと心細し。」（一七・1）とあるが、これはどのような気持ちを表現しているか。次から選びなさい。

ア 古来江戸の桜の名所である上野や谷中で、いつか桜を見たいという願い。
イ 長旅からいつか無事に江戸へ戻り、再び上野や谷中の桜を見ることができるだろうかという不安。
ウ 上野や谷中が桜の名所だといっても、桜の花はいつか散ってしまうものだという無常観。　〔　　〕

第二段落

5 「行く春や……」（一七・4）の句について説明した次の文の空欄①②にあてはまる言葉を、あとのア～オからそれぞれ選び、記号で答えなさい。

「行く春や」の句は、「鳥啼き魚の目は涙」という生き物の様子に託して〔 ① 〕の情を表現している。さらに、その情景に託して、旅行く自分と見送りの人々の〔 ② 〕の情を表現している。

ア 哀惜　イ 惜別　ウ 追慕　エ 惜春　オ 春愁　①〔　　〕　②〔　　〕

6 「行く道なほ進まず。」（一七・5）とあるが、なぜか。その理由を十五字以内で答えなさい。

7 この文章から読み取れる芭蕉の心情にあてはまらないものを次から選びなさい。 ▼学習二

ア 人生を旅と捉え、旅に生きたい。
イ 人との別離は悲しいが、出発すれば忘れてしまう。
ウ 旅は命がけで、前途への不安はつきない。　〔　　〕

全体

8 「奥の細道」は、松尾芭蕉が旅先で見聞きしたことと、それにちなんだ句を記したものである。このような作品を何というか。次から選びなさい。

ア 俳諧紀行文　イ 旅日記　ウ 歌物語　〔　　〕

学習目標 俳文の表現の特色を理解し、作品に表れた作者の思想や心情を捉える。

奥の細道（平泉）

教科書p.178～p.179

検印

展開の把握

思考力・判断力・表現力 ▶学習一

○空欄に適語を入れて、散文と句の関係を整理しなさい。

第一段落（初め～p.178 ℓ.8）	第二段落（p.178 ℓ.9～終わり）
高館に登り、武者たちをしのんで、「夏草や」の句をよむ	光堂を見、往時の栄華をしのんで、「五月雨の」の句をよむ
藤原三代の栄華の跡を見る ・藤原三代の栄華も〔ア　　〕のうちの夢のようにはかなく滅び、〔イ　　〕だけが当時の形を残している。 ・高館に登ると、北上川、衣川、泰衡らの旧跡が見える。義経主従が奮戦した跡も今は〔ウ　　〕の茂る草むらとなっている。 芭蕉の思い ・杜甫の「春望」の詩を思い浮かべ、〔エ　　〕の悠久さに比べて、人間の営みが〔オ　　〕ことを思い、涙を落とした。 ↓ 句 夏草やつはものどもが夢の跡 ― 今ははかなく消えた、昔の武者たちの武功	中尊寺金色堂を見る ・かねてから噂に聞いていた中尊寺の経堂と〔カ　　〕が開かれていた。 ・他の場所同様、堂の装飾は失われ、扉や柱は風雪に朽ち、何もない〔キ　　〕になるはずだったが、〔ク　　〕が造られて風雨から堂を守っている。 芭蕉の思い ・しばらくの間ではあるが、千年の昔をしのぶ〔ケ　　〕となるだろう。 ↓ 句 五月雨の降り残してや光堂 ― 昔の栄華の名残を留めていることへの賛嘆

語句・文法

知識・技能

1 次の語の意味を調べなさい。

p.178 ℓ.1 ①栄耀〔　　〕
ℓ.4 ②さても〔　　〕
ℓ.5 ③功名〔　　〕
ℓ.14 ④かたみ〔　　〕

2 次の太字の連用形の動詞の活用の種類を、あとのア～オからそれぞれ選びなさい。

p.178 ℓ.11 ①七宝**散り失せ**て、〔　　〕
ℓ.12 ②霜雪に**朽ち**て、〔　　〕
ℓ.13 ③新たに**囲み**て、〔　　〕

ア 四段活用　イ 上一段活用
ウ 上二段活用　エ 下一段活用
オ 下二段活用

3 次の太字の助動詞は、あとのア～エのいずれにあたるか。それぞれ選びなさい。

p.178 ℓ.6 ①涙を落としはべり**ぬ**。〔　　〕
ℓ.12 ②草むらとなる**べき**を、〔　　〕

ア 打消　イ 完了　ウ 推量　エ 当然

4 次の太字の「なり」は、あとのア～エのいずれにあたるか。それぞれ選びなさい。

p.178 ℓ.1 ①秀衡が跡は田野に**なり**て、〔　　〕
ℓ.2 ②南部より流るる大河**なり**。〔　　〕

ア 四段活用動詞　イ 形容動詞活用語尾
ウ 断定の助動詞　エ 伝聞の助動詞

内容の理解

第一段落

思考力・判断力・表現力

1 「さても、義臣すぐつてこの城にこもり、」（一七八・4）について、次の問いに答えなさい。

(1)「義臣すぐつて」とあるが、誰が「すぐ」ったのか。次から選びなさい。

ア 秀衡　イ 泰衡　ウ 義経　〔　　〕

(2)「この城にこもり」とあるが、「この城」とは何をさすか。次から選びなさい。

ア 高館　イ 和泉が城　ウ 衣が関　〔　　〕

2 新傾向 「国破れて山河あり、城春にして草青みたり。」（一七八・5）は、杜甫の「春望」の詩（国破れて山河在り、城春にして草木深し。時に感じては花にも涙を濺《そそ》ぎ、別れを恨みては鳥にも心を驚かす。烽火《ほうくわ》三月に連なり、家書万金《ばんきん》に抵《あ》たる。白頭掻《か》けば更に短く、渾《すべ》て簪《しん》に勝《た》へざらんと欲す。）の一説である。杜甫は、安史《あんし》の乱の際に反乱軍に囲まれた状況でこの詩を作ったが、芭蕉は、杜甫とは違った意味でこの詩句を口ずさんでいる。①杜甫・②芭蕉の気持ちを、それぞれ次から選びなさい。

ア 自然の賛美　イ 旅泊の寂しさ　ウ 永遠への憧れ

エ 乱世の憂え　オ 転変の嘆き　①〔　　〕②〔　　〕

3 「夏草やつはものどもが夢の跡」（一七八・7）とあるが、「つはもの」たちの「夢」とは何のことか。本文中から二つ、それぞれ漢字二字で抜き出しなさい。 ▶学習一

〔　　〕〔　　〕

4 「卯の花に兼房見ゆる白毛かな」（一七八・8）とあるが、曽良は「兼房」のどのような姿を眼前に思い浮かべてこの句をよんだと考えられるか。その姿を、十五字以内で具体的に説明しなさい。

〔　　〕

第二段落

5 「しばらく千歳のかたみとはなれり。」（一七八・14）とあるが、「しばらく」と言っているのはなぜか。次から選びなさい。

ア 悠久の自然とは異なり、人工物はいつかは朽ち果てるから。

イ 悠久の時間の中で、昔のおもかげをわずかに残しているから。

ウ 一時的にせよ、このすばらしい遺産を残したいと願っているから。　〔　　〕

6 「五月雨の降り残してや光堂」（一七八・15）とあるが、この句はどのようなことを表現しているか。次から選びなさい。

ア 周囲に五月雨が降る中、光堂だけは雨が避けているという幻想的な光景を目撃した感動。

イ この光堂にだけは、永遠に五月雨が降らないでほしいという願望。

ウ 五月雨が降るのを避けていたかのように、長い年月、風雪に耐えて残った光堂に対する賛嘆。　〔　　〕

全体

7 この文章の主題について次のようにまとめた。空欄①・②にあてはまる言葉を、あとのア～オからそれぞれ選びなさい。

自然の悠久さと比較して、人の世の〔 ① 〕を感じている。第一段落ではそのことへのあわれみ・悲しみに、第二段落ではその中にあっても認められる人の営為への〔 ② 〕に主眼が置かれている。

ア 荒廃　イ 無常　ウ 稚拙さ　エ 賛嘆　オ 激励

①〔　　〕②〔　　〕

学習目標　漢文を訓読するための基礎知識として、返り点の種類と使い方を習得する。

訓読に親しむ㈠・漢文を読むために1

教科書p.184～p.185

検印

基本練習

知識・技能

1 次の空欄にあとの語群にある語をそれぞれ補い、漢文の構造を示しなさい。

①大器ハ晩成ス。
②良薬ハ苦《にがシ》レ口ニ。
③転ジテレ禍《わざはヒヲ》為《なス》レ福ト。
④歳月ハ不《ず》レ待タレ人ヲ。

【語群】　主語　述語　目的語　補語　否定詞

2 次の漢文にレ点をつけなさい。

①我読書。〔我　書を読む。〕
②我不読書。〔我　書を読まず。〕
③縁木求魚。〔木に縁《よ》りて魚を求む。〕
④有備無患。〔備へ有れば患《うれ》ひ無し。〕
⑤覆水不返盆。〔覆水　盆に返らず。〕

3 次の漢文に一二（三）点をつけなさい。

①借虎威。〔虎の威を借る。〕
②平－定海内。〔海内《かいだい》を平定す。〕
③欲長王漢中。〔長く漢中に王たらんと欲す。〕

確認

●返り点の種類と使い方

①**レ点**（レ）　下の一字からすぐ上の一字に返って読む。
例　登ルレ山ニ。（山に登る。）

②**一二点**（一・二・三…）　二字以上離れた下の字から上へ返って読む。
例　登ル二富士山一ニ。（富士山に登る。）

③**上中下点**（上・下、上・中・下）　一二点を必ず中に挟み、さらに上へ返って読む。
例　有リ下登ル二富士山一ニ者上。
（富士山に登る者有り。）

④**甲乙点**（甲・乙・丙…）　上中下点で足りない場合に、上中下点を挟んで使用する。

⑤**その他**

(1)　レ点は、一二点の「一」、上中下点の「上」など、それぞれの種類の一番最初の記号とだけ併用できる。→「㆑」「㆖㆑」「甲㆑」
＊読むときは、レ点の下の字を先に読む。
＊「二㆑」や「下㆑」、「乙㆑」はない。
例　多シ二人ノ犯スモノ㆑罪ヲ。（人の罪を犯すもの多し。）
例　父喜ブ下子ノ受カリテ二試験一ニ告グルヲ㆖之《これ》ヲ。
（父　子の試験に受かりて之を告ぐるを喜ぶ。）

(2)　下から二字以上の熟語に返る場合は、熟語の間に「－」を入れて、最初の字の左下に返

④行百里者半九十。〔百里を行く者は九十を半ばとす。〕

4 次の漢文にレ点、一二点をつけなさい。

①百聞不如一見。〔百聞は一見に如《し》かず。〕

②宋人有耕田者。〔宋人《そうひと》に田を耕す者有り。〕

③有言者、不必有徳。〔言有る者は、必ずしも徳有らず。〕

④不入虎穴、不得虎子。〔虎穴に入らずんば、虎子を得ず。〕

⑤好之者、不如楽之者。〔之《これ》を好む者は、之を楽しむ者に如かず。〕

5 次の返り点による読み順を、□内に算用数字で記しなさい。

① □レ □ □レ □。

② □レ □レ □レ □。

③ □二 □ □レ □ □一。

④ □レ □二 □ □ □一。

⑤ □三 □ □ □二 □ □一。

⑥ □三 □ □二 □ □一レ □。

6 次の漢文に一二点、上（中）下点をつけなさい。

①不以千里称。〔千里を以《も》つて称せられず。〕

②有能為鶏鳴者。〔能《よ》く鶏鳴を為す者有り。〕

③不為児孫買美田。〔児孫《じそん》の為《ため》に美田を買はず。〕

7 次の漢文に返り点をつけなさい。

①勿以悪小為之。〔悪の小なるを以つて之を為すこと勿《な》かれ。〕

②無不知愛其親者。〔其《そ》の親を愛するを知らざる者無し。〕

③知我之《の》不遇明君。〔我の明君に遇《あ》はざるを知る。〕

り点をつける。

例 教二育ス子弟ヲ一。（子弟を教育す。）

内容の理解　思考力・判断力・表現力

1 次の文の意味を答えなさい。

①大器は晩成す。

②歳月は人を待たず。

③百里を行く者は九十を半ばとす。

④児孫の為に美田を買はず。

⑤言有る者は、必ずしも徳有らず。

⑥悪の小なるを以つて之を為すこと勿かれ。

訓読に親しむ(二)(三)・漢文を読むために2・3

教科書 p.186～p.189

検印

基本練習

知識・技能

1 送り仮名に注意して、次の漢文の太字の助字の意味を、あとの語群から選び、記号で答えなさい。

① 青《シ》二**於**藍《ヨリモ》一。〔　　〕

② 志《ス》二**于**学《ニ》一。〔　　〕

③ 荘子行《ク》二**於**山中《ニ》一。〔　　〕

④ 労《スル》レ力《ヲ》者《ハ》治《メラル》二**於**人《ニ》一。〔　　〕

⑤ 学《ビテ》**而**時《ニ》習《フ》レ之《ヲ》。〔　　〕

⑥ 視《レドモ》**而**不レ見《エ》。〔　　〕

【語群】
ア 場所　イ 時間　ウ 対象　エ 起点　オ 比較
カ 受身　キ 順接　ク 逆接

2 口語訳を参考にして、次の漢文の空欄に送り仮名を補いなさい。

① 勿《カレ》レ施《スコト》二於人〔　〕一。〔人にしてはいけない。〕

② 青《ハ》取《ル》二之《ヲ》於藍〔　〕一。〔青色は藍から取る。〕

③ 遊《ブ》二於赤壁之下〔　〕一。〔赤壁のあたりで遊んだ。〕

④ 登〔　〕二太山《ニ》一而小《トス》二天下《ヲ》一。〔太山に登って国全体を小さいと感じる。〕

3 次の漢文を書き下し文に改めなさい。

① 夫《ふ》差《さ》敗《ル》二越《ヲ》于夫《ふ》椒《せう》《ニ》一。〔　　〕

② 樹欲《スレドモ》レ静《カナラント》而風不レ止《やマ》。〔　　〕

確認

● 助字の種類とはたらき

① 置き字として使われるもの

於（于・乎）　場所・時間・対象・起点・目的・比較・受身などを表す。

而　接続を表す。順接にも逆接にも用いる。

矣（焉・也）　文末につく。断定・完了・強意の意味。

＊右にあげた字を読む場合もあるので注意。

② 置き字として使われないもの

・文中で使われるもの

之（の）　修飾の関係や主格を表す。

与（と）　並列を表す。必ず返り点がつく。

者（は・もの・こと）　主語を提示する。

也（や）　主格・呼びかけを表す。

則（即・乃・便・輒）（すなはチ）　条件を表したり、副詞として用いられたりする。

・文末で使われるもの

也（なり）　断定を表す。

哉（乎・夫・也・与・邪・耶・歟）（かな）　感嘆を表す。

乎（哉・夫・也・与・邪・耶・歟）（や・か）　疑問・反語・強意を表す。

耳（爾・已・而已・而已矣）（のみ）限定を表す。

＊助字は助動詞や助詞に相当するものが多い。書き下し文に改める際にはひらがなで書く。

③ 母之愛レスル子ヲ也《や》倍レス父ニ。〔　　〕
④ 求《ムル》二其ノ放心ヲ一而已矣。〔　　〕

4 **次の漢文の空欄に入れるのに適当な助字を、下の語群から選びなさい。**

① 聞ク二弦歌□声ヲ一。〔弦歌の声を聞く。〕
② 善ク□レ人交ハル。〔善く人と交はる。〕
③ 嗚《あ》呼《あ》哀シイ□。〔嗚呼　哀しいかな。〕
④ 直《たダ》不ル二百歩ナラ一□。〔直だ百歩ならざるのみ。〕
⑤ 其ノ行フレ己ヲ□恭《つつしム》。〔其の己を行ふや恭む。〕

【語群】
也　哉　之　与　耳

5 **書き下し文中の太字を参考にして、次の漢文の空欄に漢字を入れなさい。**（訓点は省略してある）

① 虎□百獣而□□。〔虎　百獣を**求**めて**之**を**食**らふ。〕
② 吾□□□孰美。〔吾と**徐公**と（**与**）孰《いづ》れか美なる。〕
③ 女□会稽□恥□。〔女《なんぢ》　会稽の（**之**）恥を**忘**れたるか（**邪**）。〕

6 **次の漢文の太字の再読文字の読みを、送り仮名を含めてすべてひらがなで記しなさい。**

① 田園**将**レ蕪《あレント》。　田園〔　　〕蕪れんと〔　　〕。
② 及レビテ時ニ**当**二勉励ス一。　時に及びて〔　　〕勉励す〔　　〕。
③ 過《あやまテバ》則《すなはチ》**宜**レ改ムレ之ヲ。　過てば則ち〔　　〕之を改む〔　　〕。
④ 行楽**須**レ及ブレ春ニ。　行楽〔　　〕春に及ぶ〔　　〕。
⑤ 毋カレレ測ルコトレ**未**レ至ラ。　〔　　〕至ら〔　　〕測ること毋かれ。

●**再読文字の種類とはたらき**

一字を二度訓読する文字を再読文字という。

① 一度目の読みは、再読文字につけられた返り点を無視して副詞的に読む。（書き下し文にするときは漢字で書く。）

② 二度目の読みは、返り点に従って助動詞や動詞として読む。（再読文字の左下の送り仮名を使う。書き下し文にするときはひらがなにする。）

（　）内のカタカナはサ変動詞の活用を表す。

未〔いまダ〜（セ）ず〕まだ〜しない。今まで〜ない。
将〔まさニ〜（セント）す〕〜しようとする。
且〔まさニ〜（セント）す〕〜しようとする。
猶（**由**）〔なホ〜ノ・（スル）ガごとシ〕ちょうど〜のようだ。
＊体言に続くときは「ノ」、用言に続くときは「ガ」を送る。
当〔まさニ〜（ス）ベシ〕〜しなければならない。
応〔まさニ〜（ス）ベシ〕きっと〜のはずだ。
＊「当」と「応」は読みは同じだが、「当」は当然、「応」は推量の意でよく用いられる。
宜〔よろシク〜（ス）ベシ〕〜するのがよい。
須〔すべかラク〜（ス）ベシ〕〜する必要がある。
盍（**蓋**）〔なんゾ〜（セ）ざル〕どうして〜しないのか。
＊反語の用法が多いが、疑問の場合もある。

学習目標 漢文の訓読に慣れるとともに、「五十歩百歩」の言葉の由来となった故事を読解する。

五十歩百歩

教科書p.192〜p.193

検印

展開の把握　思考力・判断力・表現力

○空欄に適語を入れて、内容を整理しなさい。

孟子の言葉

戦争のとき、敵の勢いに押された兵士が〔ア　　〕を捨てて逃げ去りました。逃げるとき、〔イ　　〕逃げて立ち止まる者と、〔ウ　　〕逃げて立ち止まる者がいます。〔エ　　〕で立ち止まった者が〔オ　　〕で立ち止まった者を卑怯《ひきょう》だと笑ったら、王様はどう思われますか。

恵王の言葉

笑うのはよくない。〔カ　　〕逃げた者も〔キ　　〕しか逃げなかった者も逃げたことに変わりはないのだから。

書き下し文　知識・技能　▼学習一

○本文を一文ごとに書き下し文に改めなさい。

語句・句法　知識・技能

1 次の語の読み（送り仮名も含む）と意味を調べなさい。

p.192 ℓ.9 ①則ち〔　　〕〔　　〕

p.193 ℓ.2 ②亦〔　　〕〔　　〕

2 次の文を書き下し文に改めなさい。

①惟《たダ》有《ルノミ》二黄《くわう》昏《こん》鳥《てう》雀《じやくノ》悲《シム》一。

〔　　〕

②楚《そ》人《ひとハ》沐《もつ》猴《こうニシテ》而冠《スル》耳。

〔　　〕

内容の理解　思考力・判断力・表現力

1 ①「五十歩」・②「百歩」にたとえられているものは何か。導入文（一九二・1〜5）を参考にしてそれぞれ次から選びなさい。▼学習二

ア　隣国の政治　イ　孟子の政治
ウ　恵王の政治　①〔　　〕②〔　　〕

2 「五十歩百歩」の意味を次から選びなさい。

ア　違いが全く見つからないほど似ていること。
イ　大差はなく、本質的には同じであること。
ウ　比較できないほど大きな違いがあること。〔　　〕

全体

学習目標 漢文の訓読に慣れるとともに、「矛盾」の言葉の由来となった故事を読解する。

矛盾

教科書 p.194〜p.195

検印

展開の把握　思考力・判断力・表現力

○空欄に適語を入れて、内容を整理しなさい。

①〔ア　〕の国の人に〔イ　〕と〔ウ　〕を売り歩く者がいた。

②その〔エ　〕をほめて言うには、わたしの〔オ　〕のかたさはどのような武器でも〔カ　〕ことができないのです、と。

③さらに、その〔キ　〕をほめて言うには、わたしの〔ク　〕の鋭さはどのような武器をも〔ケ　〕さないことがないのです、と。

④すると、その場にいたある人が、あなたの〔コ　〕であなたの〔サ　〕を突いたらどうなりますか、と言った。

⑤その人は返事をすることができなかった。

書き下し文　知識・技能　▼学習一

○本文を一文ごとに書き下し文に改めなさい。

語句・句法　知識・技能

1 次の語の読み（送り仮名も含む）と意味を調べなさい。

p.194 ℓ.9 ①能く〔　〕〔　〕

ℓ.10 ②何如〔　〕〔　〕

2 次の文を書き下し文に改めなさい。

①人トシテ無シ㆑不ル㆓飲食セ㆒。

〔　〕

②非ザル㆑不ル㆑悪《にく》マ㆑寒キヲ也。

〔　〕

内容の理解　思考力・判断力・表現力

1 ①「楚人」・②「盾と矛」にたとえられているものは何か。導入文（一九四・1〜7）を参考にしてそれぞれ次から選びなさい。　▼学習二

ア　漁師たち　イ　孔子　ウ　舜と尭

①〔　〕②〔　〕

全体

2 この話から「矛盾」という言葉ができたが、意味として正しいものを次から選びなさい。

ア　つじつまが合わないこと。

イ　嘘《うそ》を言うこと。

ウ　誠実さがないこと。

〔　〕

学習目標 漢文の訓読に慣れるとともに、「狐借虎威」の言葉の由来となった故事を読解する。

狐借二虎威一

教科書 p.196 ~ p.197

検印

展開の把握　思考力・判断力・表現力

○次の空欄に適語を入れて、内容を整理しなさい。

① 〔ア　〕が〔イ　〕をつかまえて、食べようとした。

② 〔ウ　〕の言葉→〔エ　〕が、わたしを〔オ　〕の王に任命した。わたしを食べるならば、それは〔カ　〕の命令に逆らうことになる。〔キ　〕だと思うなら、わたしの後ろについてきなさい。

③ 〔ク　〕が〔ケ　〕について行くと、〔コ　〕はみな逃げた。

④ 〔サ　〕の考え→〔シ　〕は、〔ス　〕を恐れているのだ。

虎は〔セ　〕が〔ソ　〕を恐れて逃げたことに気がつかなかった。

書き下し文　知識・技能

○本文を一文ごとに書き下し文に改めなさい。　▼学習一

語句・句法　知識・技能

1 次の語の読み（送り仮名も含む）と意味を調べなさい。

p.197 ℓ.1

① 遂に〔　〕〔　〕

② 畏る〔　〕〔　〕

2 次の文を書き下し文に改めなさい。

① 側《そばメテ》レ目《ヲ》不二敢《ヘテ》視一。〔　〕

② 使《ム》二子路《ヲシテ》問《ハ》レ津《ヲ》。〔　〕

内容の理解　思考力・判断力・表現力

全体

1 導入文（一九六・1～3）を読んで、①「百獣」・②「虎」・③「狐」（一九六・4）がたとえているものを、それぞれ答えなさい。　▼学習二

①〔　〕

②〔　〕

③〔　〕

2「虎の威を借る」の意味を次から選びなさい。

ア 弱者が、言葉巧みに強者をだますこと。

イ 弱者が強者の威光をかさに着ること。

ウ 強者が弱者の身を守ること。〔　〕

学習目標　漢詩の形式や技法を理解するとともに、作者が詩に込めた思いを読み取る。

唐詩の世界

教科書p.202～p.207

検印

要点の整理

思考力・判断力・表現力

○次の空欄に適語を入れて、各詩の大意を整理しなさい。

詩題	大意
春暁	春、〔ア〕が来たのも知らずに眠っていたが、〔イ〕の声に目を覚ました。昨夜は〔ウ〕が強かったが、庭の〔エ〕はどれほど散ったことであろうか、どれほど散ったかわからない。
静夜思	秋の夜、寝台の前を明るく照らす〔オ〕は、まるで地上に降りた〔カ〕と見まがうほどであった。〔キ〕を上げて山の端の月を見れば、〔ク〕のことがしのばれてならない。
送元二使安西	〔ケ〕に朝方降った雨が細かな土埃《つちぼこり》をしっとりと湿らせ、旅館あたりの〔コ〕の色は青々と鮮やかである。さあ君、もう一杯酒を飲み尽くしたまえ。西の〔サ〕を出たら、〔シ〕もいないだろうから。
春望	悠久不変の〔ス〕に対して〔セ〕の世界は転変興亡が絶えない。今は花咲き鳥鳴く〔ソ〕だというのに、戦乱は〔タ〕になっても続き、家族からの〔チ〕も来ない。たまらなくなって〔ツ〕頭をかきむしりながら、わが身の老いを嘆く。
香炉峰下新卜山居草堂初成偶題東壁	ゆっくり朝寝を楽しみ、寝床の中で〔テ〕の鐘の音を聴き、〔ト〕の雪を眺める。このようなことができる〔ナ〕の麓《ふもと》は、わたしにとって世俗の〔ニ〕から逃れて心休まる安住の地である。政争に明け暮れる〔ヌ〕のことなど忘れてしまった。

○各詩について、①詩の形式、②押韻している字、③対句（「第何句と第何句」というように句数で記しなさい。対句のない場合は「なし」と記しなさい。）を整理しなさい。

詩題	①	②	③
春暁	〔　〕	〔　〕	〔　〕
静夜思	〔　〕	〔　〕	〔　〕
送元二使安西	〔　〕	〔　〕	〔　〕
春望	〔　〕	〔　〕	〔　〕
香炉峰下新卜山居草堂初成偶題東壁	〔　〕	〔　〕	〔　〕

内容の理解　思考力・判断力・表現力

春暁

1「春暁」詩について、次の問いに答えなさい。

(1)「春眠不レ覚レ暁」(三〇二・2)の意味として適切なものを次から選びなさい。　▼脚問1

ア　春の眠りは浅いので、夜明けの仕事は面倒だ。
イ　春の眠りは心地よいので、夜が明けたのも気づかない。
ウ　春の眠りは心地よいので、夜明けに起きるのは気が重い。

〔　　〕

(2)「聞二啼鳥一」(三〇二・3)について、作者はどこにいて、どのような状態で聞いているのか。簡潔に答えなさい。

〔　　〕

(3)「多少」(三〇二・5)の、①この詩での意味、②日本語の意味をそれぞれ次から選びなさい。

ア　たくさんの　　イ　わずかな
ウ　どれほど　　エ　どうして

①〔　　〕②〔　　〕

(4)この詩から、作者がどのようなことを楽しんでいることがわかるか。十字以内で書きなさい。

静夜思

2「静夜思」詩について、次の問いに答えなさい。

(1)「牀前看二月光一」(三〇三・2)とは、どのような情景か。次から選びなさい。

ア　夜中まで眠れず、寝台の前に座り外の月を見る情景。
イ　夜中まで眠れず、寝台の前にそそぐ月の光を見る情景。
ウ　夜中まで眠れず、寝台の鏡にさす月の光を見る情景。

〔　　〕

(2)作者が「牀前」の「月光」を見て、「地上霜」(三〇三・3)と錯覚したのはなぜか。十五字以内で答えなさい。

(3)月を見ることが望郷の思いにつながる理由を、次から選びなさい。　▼学習三

ア　満ち欠けする月に、変わってゆく自分を重ね合わせるから。
イ　故郷でも、今自分が見ているのと同じ月が見えるはずだから。
ウ　明るく照らす月光が、まるで両親のまなざしのように思えるから。

〔　　〕

送元二使安西

3「送三元二使二安西一」詩について、次の問いに答えなさい。

(1)第一・二句の風景描写に込められた作者の思いとして適切なものを、次から選びなさい。

ア　友の旅の前途の無事を祈る思い。
イ　友の旅立ちを悲しく見送る思い。
ウ　友の旅立ちを羨む思い。

〔　　〕

(2)「安西」(三〇四・1)・「渭城」(同・2)・「陽関」(同・5)を長安から近い順に並べなさい。

長安―〔　　〕―〔　　〕―〔　　〕

送元二使安西

(3)「勧レ君更尽二一杯酒一」（二〇四・4）とあるが、作者はどのような気持ちから「君」に酒を勧めたのか。次から選びなさい。

ア　君の苦悩をなぐさめてくれるものは、酒の他にはないから。
イ　都から遠く離れると、気安く酒を飲む相手はいないから。
ウ　別れの悲しみをいやしてくれるのは酒しかないから。

〔　　〕

(4)「西出二陽関一無二故人一」（二〇四・5）に込められた作者の思いとして適切でないものを、次から選びなさい。 ▼学習四

ア　旅立つ友人の今後を心配する思い。
イ　自分も旅立ちたいという思い。
ウ　友人との別れを惜しむ思い。

〔　　〕

春望

4「春望」詩について、次の問いに答えなさい。

(1)第一・二句では何と何が対比されているか。次から選びなさい。

ア　こせこせした人の世と雄大な自然。
イ　荒れ果てた人心と恵み豊かな自然。
ウ　変化の激しい人の世と不変の自然。

〔　　〕

(2)「家書」（二〇五・7）が「万金に抵《あ》たる」のはなぜか。三十字以内で答えなさい。

(3)第七・八句に込められた作者の心情として適切なものを、次から選びなさい。 ▼学習五

春望

ア　国や家族のために何もできずに老いることへの嘆き。
イ　髪の毛が白く薄くなり、醜く老いた自分の姿への嫌悪。
ウ　髪の毛が白く薄くなった姿を人に笑われることへの不安。

〔　　〕

(4)この詩の印象として適切なものを選びなさい。

ア　悲痛　　イ　愛情　　ウ　余裕

〔　　〕

香炉峰下新卜山居草堂初成偶題東壁

5「香炉峰下新卜二山居一草堂初成偶題二東壁一」詩について、次の問いに答えなさい。

(1)平安時代の女性によって書かれた随筆に「香炉峰雪撥レ簾看」（二〇六・6）をふまえた文章が出てくるが、その随筆の①作品名と②作者名を答えなさい。

①〔　　〕　②〔　　〕

(2)「逃レ名」（二〇六・7）の意味として適切なものを次から選びなさい。

ア　名を捨てる　　イ　評判を隠す
ウ　世俗の名利から離れる

〔　　〕

(3)作者は「故郷」（二〇六・10）とはどんなところだと考えているのか。詩中から四字で抜き出しなさい。（訓点不要）

(4)「故郷何独在二長安一」（二〇六・10）に込められた作者の心情として適切なものを、次から選びなさい。 ▼学習六

ア　故郷の長安で一人寂しく暮らしたいものだ。
イ　廬山も故郷と呼べるくらいすばらしいところだ。
ウ　故郷の長安で家族とともに暮らしたいものだ。

〔　　〕

学習目標　日本人のよんだ漢詩を読解し、人に対する作者の思いを捉える。

日本の漢詩

教科書p.208～p.209

検印

要点の整理

思考力・判断力・表現力

○次の空欄に適語を入れて、各詩の大意を整理しなさい。

読家書	桂林荘雑詠、示諸生	道情
家族からの（ア）が途絶えてから（イ）余りが過ぎた。都合よく都の方から大宰府《だざいふ》に向かって吹いてくる風が、一通の（ウ）を吹き届けてくれた。家の（エ）のところにあった木は人によって運び去られ、北側にあった（オ）には、他人を住まわせているとのことだった。生姜《しょうが》を包んだ紙には（カ）と書かれており、竹のかごには（キ）が入っていて、もの忌みのための備えと記されていた。妻子の貧しく寒々とした生活の（ク）については、何も書かれていなかった。そのために、かえって家族のことが（ケ）になり、そのことがわたしを悩ませている。	故郷を離れて他の土地に行くと、（コ）が多いなどと言うのはやめなさい。一枚の綿入れをともにするような（サ）がいて、彼らとは、（シ）と互いに親しくなっていくというものなのだから。雑木の小枝で作られた、この「（ス）」の質素な（セ）を開けて出ると、（ソ）が（タ）のように降りていた。あなたは（チ）くれないか。わたしは（ツ）ことにしよう。	わたしの（テ）分の（ト）をなげうってでも、（ナ）の愛情をほんの少しでいいから分けてもらいたい。（ニ）のような君が住む家の（ヌ）には、人影は見えない。ただ君の弾く（ネ）の美しい音色が聴こえてくるのみである。

○各詩について、①詩の形式、②押韻している字、③対句（「第何句と第何句」というように句数で記しなさい。対句のない場合は「なし」と記しなさい。）を整理しなさい。

読家書	桂林荘雑詠、示諸生	道情
①（　）②（　）③（　）	①（　）②（　）③（　）	①（　）②（　）③（　）

内容の理解

思考力・判断力・表現力

読家書

1 「読二家書一」詩について、次の問いに答えなさい。

(1)「家書」（二〇八・1）とは何か。十字以内で書きなさい。

(2)「一封書」（二〇八・2）に書かれている内容にあてはまらないものを、次から選びなさい。 ▼学習一

ア 家族から来た手紙が三か月ぶりであること。
イ 西門に植えてあった木がよそに移植されたこと。
ウ 北側の庭に他人が住んでいること。 〔　　〕

(3)「為レ是」（二〇八・5）とあるが、「是」とはどんなことをさしているか。三十字以内で書きなさい。

(4)この詩からわかる作者の家族に対する気持ちを次から選びなさい。 ▼学習一

ア 心配　イ 不信　ウ 失望 〔　　〕

桂林荘雑詠、示諸生

2 「桂林荘雑詠、示二諸生一」詩について、次の問いに答えなさい。

(1)この詩は、誰に対しておくられた詩か。題名の中からおくられた相手を表す言葉を抜き出しなさい。 ▼学習二 〔　　〕

(2)この詩中の比喩表現では、何を何にたとえているか。抜き出しなさい。

〔　　〕を〔　　〕にたとえている。

桂林荘雑詠、示諸生

3 新傾向 この詩について、生徒A～Cが感想を述べている。漢詩の内容に合う発言をしている者を、次から選びなさい。 ▼学習二

生徒A：この詩からは、見知らぬ土地での冬の朝の仕事のたいへんさが読み取れるね。そんな時にいっしょに暮らしている友人の思いやりを作者は感じているのだね。

生徒B：この詩には、故郷を捨てて帰るところのない者どうしが共同生活するうえでの心得が、朝ご飯の支度などという具体例を挙げて書かれているね。

生徒C：この詩からは、故郷を離れた知らない土地で学ぶことは苦労も多いが、仲間とともに頑張っていってほしいという作者の願望が感じられるね。

生徒〔　　〕

道情

4 「道レ情」詩について、次の問いに答えなさい。

(1)第一・二句は作者のどのような気持ちを表しているのか。十五字以内で書きなさい。 ▼脚問3

(2)作者にとって、彼女が特別な存在であることがわかる、彼女に関係の深い表現を詩中から二つ抜き出しなさい。 ▼学習三 〔　　〕〔　　〕

(3)作者を表した言葉として最も適切なものを、次から選びなさい。

ア 楽観的　イ 懐疑的　ウ 情熱的 〔　　〕

学習目標　漢詩を和訳した詩をもとの詩と読み比べ、訳者の工夫を捉える。

活動　漢詩と訳詩との読み比べ

教科書p.202〜p.207

検印

○次の詩は、孟浩然《もうこうねん》「春暁」（二〇二）、李白《りはく》「静夜思」（二〇三）、杜甫《とほ》「春望」（二〇五）を、土岐善麿《ときぜんまろ》と井伏鱒二《いぶせますじ》が日本語に訳したものである。これらを読んで、あとの問いに答えなさい。

Ⅰ　孟浩然「春暁」　土岐善麿訳

春あけぼのの　*うすねむり
まくらに*かよう　鳥の声
風まじりなる　*夜《よ》べの雨
花ちりけんか　庭もせに

（『鶯《うぐいす》の卵』）

Ⅱ　李白「静夜思」　井伏鱒二訳

ネマノウチカラフト気ガツケバ
霜カトオモフイイ月アカリ
*ノキバノ月ヲミルニツケ
ザイシヨノコトガ気ニカカル

（『厄除《やくよ》け詩集』）

Ⅲ　杜甫「春望」　土岐善麿訳

国破れて　山河《やまかわ》はあり
春なれや　城辺《しろべ》のみどり
花みれば　涙*しとどに
鳥きけば　こころおどろく
*のろしの火　三月《みつき》たえせず
千重《ちえ》に恋《こい》し　ふるさとの書《ふみ》
しら髪《かみ》は　*いよよ短く
*かざしさえ　さしもかねつる

（『新訳杜甫詩選』）

語注

＊うすねむり…ぼんやりとした浅い眠り。「薄雲・薄明かり」などから連想される作者の造語。
＊かよう…行き来する。
＊夜べ…昨日の夜。回想する趣がある。
＊ノキバ…軒端。軒の先。
＊しとど…ひどく濡《ぬ》れる様子。
＊のろし…合図のために高くあげる煙。ここでは戦が続いていることを表している。
＊いよよ…「いよいよ」に同じ。ますます。
＊かざし…髪の毛に挿すもの。かんざし。

訳者紹介

土岐善麿…一八八五年（明治一八）〜一九八〇年（昭和五五）。歌人、国文学者。歌集に『NAKIWARAI』などがある。
井伏鱒二…一八九八年（明治三一）〜一九九三年（平成五）。小説家。広島県生まれ。主な作品に『山椒魚《さんしょううお》』『黒い雨』などがある。

内容の理解

思考力・判断力・表現力

1 Ⅰの詩の第一句「春あけぼのの」という表現は、ある古典作品の一節を連想させるが、その古典作品とは何か。次から選びなさい。

ア 『伊勢物語』
イ 『徒然草』
ウ 『枕草子』

〔　　〕

2 Ⅰの詩の第四句「花ちりけんか」の意味を次から選びなさい。

ア 花は散ってしまったのであろうか。
イ 花は散ってしまうのだろうか。
ウ 花は散っているのだろうか。

〔　　〕

3 Ⅱの詩の第四句「ザイシヨ」を①漢字で書きなさい。また、②もとの漢詩ではどの言葉が対応するか、抜き出して答えなさい。(訓点不要)

①〔　　〕 ②〔　　〕

4 Ⅲの詩の第三・四句では、もとの詩にあった言葉が一部訳されていないが、それはどこか。もとの漢詩の中から抜き出しなさい。(訓点不要)

第三句〔　　〕 第四句〔　　〕

5 Ⅲの詩の第六句「千重に恋し　ふるさとの書」の意味を次から選びなさい。

ア 家族への手紙を出していたころが懐かしい。
イ 家族からの手紙で、恋しく思う家族の気持ちがわかってうれしい。
ウ 家族からの手紙が届くのが待ち遠しい。

〔　　〕

6 新傾向 次の会話文は、三つの漢詩と訳詩を比べて話し合いをしているものである。空欄①〜③に入る適語を答えなさい。

教　師：漢詩とその訳詩を読み比べると、いろいろと違うところがあったね。どんなところが違っていたかな。

生徒A：Ⅰの詩では結句の内容が少し違っていました。漢詩では散った花の量が全くわからない形で書かれていますが、土岐善麿の訳では「〔　①　〕」という、庭一面を表す言葉が使われています。

生徒B：Ⅲの詩では、第三・四句にあるべき内容が訳されていないことが特徴的だと思いました。

教　師：本来、漢詩を和訳するときには、訓読にしたがって漢詩の意味を損なわないようにするのが普通だけど、これらの和訳は、みんながあげたように普通とは違っているね。

生徒C：訳者の感性に基づいて作られているので、個性の表れた作品になっているのではないかと思います。たとえばⅡの詩では、カタカナで表記されているのがおもしろいと思いました。

教　師：そうだね。カタカナは、歴史的に口頭語で語られた言葉を表現する文字としてのはたらきがあるんだ。だから、口頭で言われたことを、耳にしたまま記したものであるという印象を与える効果があるんだよ。他に、音数にも注目したいね。ⅠやⅢの詩などは、言葉の切れ目が〔　②　〕字とか〔　③　〕字で構成されていて、とてもリズム感があるよ。これなどは、漢詩が一句を決まった音数で作るのと同じだね。

生徒D：なるほど。漢詩を訳すのはおもしろいですね。

①〔　　〕
②〔　　〕
③〔　　〕

学習目標　作品の内容を理解するとともに、文章中に示された教えを読み取る。

両頭蛇

教科書p.212～p.213

検印

展開の把握

思考力・判断力・表現力

○空欄に適切な語句を入れて、内容を整理しなさい。

①孫叔敖が幼い時、遊びから帰ると、心配げな顔つきで何も〔ア　　〕なかった。

②母がその〔イ　　〕を問う→「今日頭が〔ウ　　〕ある蛇を見た。その蛇を見た者は〔エ　　〕と聞いているので、自分はまもなく〔オ　　〕だろう。」

③母が蛇の居場所を問う→「他の人がその蛇を見ないように、殺して〔カ　　〕。」

④母は「心配いらない。おまえは死んだりしない。『隠れて善い〔キ　　〕をした者に、天は〔ク　　〕で報いる』というから。」と言った。

⑤この話を聞いた人々
←
孫叔敖が思いやりのある人間だと知った。
彼が〔ケ　　〕となると、まだ政策が行われないうちから彼を〔コ　　〕した。

内容の理解

思考力・判断力・表現力

第一段落

1 孫叔敖が「憂而不レ食」(二一二・1)となった理由を、「両頭の蛇」の語を用いて二十字以内で説明しなさい。

2「已埋レ之矣」(二一二・4)とあるが、孫叔敖はなぜ蛇を埋めたのか。その理由を次から選びなさい。

ア　今後他の人がこの蛇を見て死ぬことがなくなるから。
イ　今後自分の家族が蛇にかまれる心配がなくなるから。
ウ　恐ろしい体験を少しでも早く忘れたかったから。
〔　　〕

語句・句法

知識・技能

1 次の語の読み（送り仮名を含む）と意味を調べなさい。

p.212 ℓ.1　①為り〔　　〕〔　　〕
ℓ.2　②対ふ〔　　〕〔　　〕

2 次の疑問形の文を書き下し文に改めなさい。

①君安クンゾ与二項伯一有ルレ故。
〔　　〕

②沛《はい》公《こう》安クニカ在ル。
〔　　〕

3「喩二其為レ仁也」(二一二・6)の読み方として正しいものを次から選びなさい。

ア　そのじんとなすをさとるや
イ　そのじんたるをさとる
ウ　そのじんするをさとる
〔　　〕

全体

4「陰徳」(二一二・5)とは、ここでは具体的にどんな行動をさしているか。次から選びなさい。　▼学習一

ア　他の人の目に入らないように、両頭の蛇を埋めたこと。
イ　母に心配をかけないように、両頭の蛇の話を黙っていたこと。
ウ　両頭の蛇に罪はないので、土の中へ逃がしてやったこと。
〔　　〕

梟逢㆑鳩

学習目標 作品の内容を理解するとともに、鳥の話に託された寓意を読み取る。

教科書 p.214

検印

展開の把握　思考力・判断力・表現力

○空欄に適切な語句を入れて、梟と鳩の会話の内容を整理しなさい。

鳩「あなたは〔ア　　〕行こうとしているのか。」
梟「〔イ　　〕へ行こうとしている。」
↓
鳩「どういう〔ウ　　〕で行こうとしているのか。」
梟「〔エ　　〕がみな、私の〔オ　　〕を〔カ　　〕からだ。」
↓
鳩「〔キ　　〕を変えることができなければ、東の人も〔ク　　〕だろう。」

語句・句法　知識・技能

1 次の語の読み（送り仮名を含む）と意味を調べなさい。

p.214 ℓ.2

① 故〔　　〕〔　　〕

② 悪む〔　　〕〔　　〕

2 次の文を書き下し文に改めなさい。

① 有㆑バ備ヘ無㆑シ患《うれ》ヒ。〔　　〕

② 朝《あした》ニ聞㆑カバ道ヲ、夕ベニ死ストモ可ナリ矣。〔　　〕

内容の理解　思考力・判断力・表現力

全体

1 「子将㆓安之㆒。」（二一四・1）を書き下し文に改めなさい。

〔　　〕

2 「我将㆓東徙㆒。」（二一四・1）とあるが、梟はなぜ東に行こうとしているのか。その理由を二十字以内で説明しなさい。▼学習一

3 「郷人皆悪㆓我鳴㆒。」（二一四・2）の「悪」と同じ意味の「悪」を含む熟語を、次から選びなさい。

ア 悪人　イ 嫌悪　ウ 善悪　〔　　〕

全体

4 梟が「東徙」（二一四・1）すると、東の人はどうすると鳩は言っているか。次から選びなさい。

ア 梟を説得して、もといた村へ帰らせようとする。
イ 梟の鳴き声をもっとひどいものに変えようとする。
ウ 今梟がいる村の人と同じように、梟の鳴き声を嫌がる。〔　　〕

5 この話に込められている教訓はどのようなことか。適当なものを次から選びなさい。▼学習二

ア 問題が生じた時点ですぐに行動を起こすことが大事である。
イ 根本的な原因を分析して問題の解決を図ることが大切である。
ウ 根本的な原因を分析することの難しさを知ることが重要である。〔　　〕

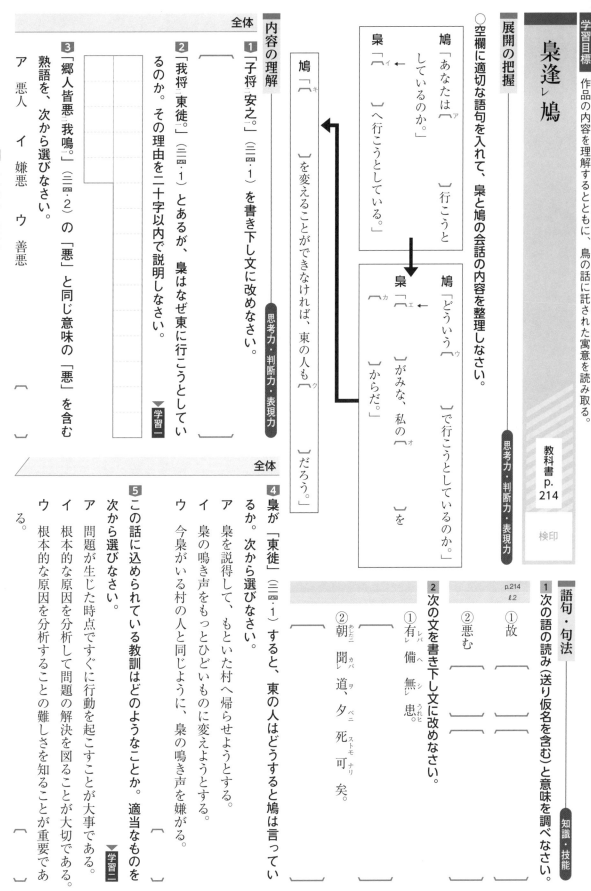